Thomas O. H. Kaiser

Goethe und der liebe Gott.

Vom Verhältnis des Johann Wolfgang von Goethe
zum Christentum, zur Kirche und zur Religion

Bild Cover: Ruth Rüttinger, „Goethe", 2018

Herstellung und Verlag
BoD – Books on Demand
ISBN 978-3-7528-9704-3

Für
Balthasar

„Übers Grab geht unser Amt nicht…"[1]

Goethes immerwährende
trostreiche Botschaft
an die Pfarrerinnen und Pfarrer
in Deutschland

---

[1] Johann Wolfgang von Goethe, Brief des Pastors zu *** An den neuen Pastor zu ***, zitiert nach Fulbert Steffensky (Hg.), Nicolaigasse. Der Pfarrer und das Pfarrhaus in der Literatur, Stuttgart 2004, 25. Der ursprüngliche Text ist zu finden in: Johann Wolfgang von Goethe Werke, HA 12, Schriften zur Kunst und Literatur. Maximen und Reflexionen, München 1998, 228-239 (im Folgenden: HA).

Inhalt

Vorwort

Zu Johann Wolfgang Goethe komme ich, ehrlich gesagt, wie die Jungfrau zum Kinde. Wenn ich näher darüber nachdenke, dann hatte mich der deutsche Dichterfürst in meiner Schulzeit und auch Jahre danach eher nur marginal interessiert. Natürlich hatte ich Goethes `Faust´[2], jenes große Drama über die Verführbarkeit des Menschen, das Goethe sein ganzes Leben lang beschäftigte und zu dem meistzitierten Werk der deutschen Literatur wurde, in der Schule gelesen, und ich hatte auch die legendäre

---

[2] Vgl. Goethe, Faust. Eine Tragödie, in: ders., HA 3, Dramatische Dichtungen I, 8-145. Die Tragödie wurde 1808 veröffentlicht. In ihr spiegelte sich u. a. das Lebensgefühl des frühen 19. Jahrhunderts. Es bewegte sich zwischen der Spannung der Erfüllung aller menschlichen Träume im Diesseits und einer Ahnung eines transzendenten Sinns allen Seins, zwischen Wissen und Begierde. Es wimmelt im `Faust´ von biblischen Zitaten und Anspielungen. So nimmt beispielsweise die Wette um Fausts Seele, mit der das Buch beginnt, bekanntlich Anleihen aus dem Buch Hiob. Auch schwingen Assoziationen an Mose mit, der bekanntlich ebenfalls das gelobte Land nicht betreten durfte. Fast sechzig Jahre lang hat Goethe immer wieder an dem Buch gearbeitet. Dabei griff er auf eine historische Figur zurück, mit der sich auch nach ihm einige Autoren auseinandergesetzt haben: Literaturnobelpreisträger Thomas Mann (1875-1955) nannte seinen in den vierziger Jahren des letzten Jahrhunderts entstandenen Roman `Doktor Faustus. Das Leben des deutschen Tonsetzers Adrian Leverkühn, erzählt von einem Freunde´, und sein Sohn Klaus Mann (1906-1949) verarbeitete das Thema in seinem 1936 erschienenen und bis heute umstrittenen Roman `Mephisto´ (manchmal werden in der Sekundärliteratur Vater und Sohn Mann verwechselt oder ihr Verhältnis bleibt unberücksichtigt – wie bei Disneys `Hier bin ich Ente, hier darf ich´s sein. Goethes Entenhausener Klassik´, Köln 2016, 6). Zur `Faust´-Rezeption vgl. anlässlich dessen 200sten Erscheinungsdatums DIE ZEIT Nr. 13 v. 19.3.2008, 49-52, und vor allem Jochen Schmidt, Goethes Faust. Erster und Zweiter Teil: Grundlagen – Werk – Wirkung, München [4]2018.

Verfilmung der Gründgens-Aufführung[3] angesehen, die mich völlig fasziniert hatte. Ich hatte sogar später, in meinen 30er-Jahren, einen Zugang zu `Faust II´[4] gefunden! Aber für die ganze Zeit, für die Jugend wie fürs fortgeschrittene Alter, galt: Der arme Poet Heinrich Heine[5] stand mir einfach geistig näher als der gesetzte, in gesicherten wirtschaftlichen Verhältnissen lebende Geheime Rat aus Hessen bzw. Thüringen. Der scharfzüngige Analytiker der Zustände seiner Zeit, aus dem quirligen Düsseldorf stammend und später im Exil in Frankreich lebend, sagte mir nicht nur wegen seiner espritvollen Werke, sondern auch im Blick auf seine gedankliche Verbindung von Geistesfreiheit und Protestantis-

---

[3] Gemeint ist die Inszenierung von `Faust. Der Tragödie erster Teil´ aus dem Jahre 1960 unter der Regie von Peter Gorski (1921-2007), mit Will Quadflieg (1914-2003) in der Rolle des Faust und Gustaf Gründgens (1899-1963) in der Rolle des Mephisto.

[4] Vgl. Goethe, Faust. Der Tragödie Zweiter Teil, in: ders., HA 3, Dramatische Dichtungen I, 146-364. Faust II wurde erst einige Monate nach Goethes Tod 1832 veröffentlicht.

[5] Heinrich Heine (1797-1856), deutscher Protestant jüdischer Herkunft aus Düsseldorf, vom deutschen Miserere nach Paris ins Exil getrieben, wurde als ein "Romantique défroqué" (Heinrich Heine, Geständnisse, in: ders., Sämtliche Werke in drei Bänden, Bd. 3, Essen o. D., 358-412, Zitat auf 360) bezeichnet und verstand sich nach eigenen Aussagen als „letzter Dichter" der Romantik (ebda.). Zur unüberschaubaren Menge an Sekundärliteratur vgl. weiterführend Klaus Briegleb, Heinrich Heine, jüdischer Schriftsteller in der Moderne. Bei den Wassern Babels, München 1997, oder das Heinrich-Heine Portal: http://germazope.uni-trier.de/Projekte/HHP/werke (aufgerufen am 29. März 2018). Mit Angaben zu weiteren bedeutenden Personen im Werk Goethes werde ich mich in den Fußnoten relativ knapp halten. Ich verweise stattdessen auf Michael Lösch, Who´s Who bei Goethe, München 1998, Wiesbaden 2007.

mus[6] mehr zu als der behäbig-behagliche „kluge Kunstgreis"[7] aus dem beschaulichen Weimar, der zum Synonym für deutsche Dichtkunst wurde. Trotz aller Genialität, die Goethe besaß und die auch schließlich mich beeindruckte, war er für mich in jungen Jahren weniger attraktiv als der Pariser Dichter der `Loreley[8], der „hier auf Erden schon/Das Himmelreich errichten"[9] und den Himmel lieber „den Engeln und den Spatzen"[10] überlassen wollte. Zuviel Widersprüchliches hatte ich über Goethe erfahren: Wie konnte er einerseits das Gedicht `Edel sei der Mensch, hilfreich und gut´[11], *das* Bekenntnis für den Humanismus, schreiben und andererseits gleichzeitig gegen die Demokratie sein und für die Todesstrafe plädieren?[12] Befremdlich an Goethe

---

[6] Vgl. Heinrich Heine, Die romantische Schule, in: ders., Sämtliche Werke in drei Bänden, Bd. 3, Essen o. D., 5-116, bes. 25.

[7] So Heine über Goethe: Heinrich Heine, An einen ehemaligen Goetheaner, 1832, in: ders., Sämtliche Werke in drei Bänden, Bd. 1, a. a. O., 295.

[8] Vgl. Heinrich Heine, Buch der Lieder, in: ders., Sämtliche Werke in drei Bänden, Bd. 1, a. a. O., 82f.

[9] Heinrich Heine, Deutschland. Ein Wintermärchen (1814), in: ders., Sämtliche Werke in drei Bänden, Bd. 1, a. a. O., 325.

[10] Heinrich Heine, Deutschland. Ein Wintermärchen (1814), in: ders., Sämtliche Werke in drei Bänden, Bd. 1, a. a. O., ebda.

[11] Das Gedicht `Das Göttliche´, 1783 entstanden, 1785 *ohne* und 1789 erstmals *mit* Wissen Goethes abgedruckt, ist leicht zugänglich über: https://de.wikisource.org/wiki/Das_G%C3%B6ttliche (aufgerufen am 3. Januar 2018).

[12] Erhalten geblieben ist das Votum Goethes zur Beibehaltung der Todesstrafe bei Kindsmord im Kontext der Verurteilung und Hinrichtung der Kindesmörderin Johanna Catharina Höhn (1759-1783). Die ledige Magd hatte ihr Neugeborenes erstochen und war auf dem Markt in Weimar öffentlich mit dem Schwert enthauptet worden. Vorausgegangen war eine Diskussion des Herzogs von Sachsen-Weimar und Eisenach über eine Liberalisierung des Gesetzes mit seinem Kabinett und einem Geheimen Consilium, dem als jüngster Geheimer

war außerdem, dass dessen alter Freund Johann Gottfried Herder[13] den Umsturz im Frankreich des Louis XVI.[14] begrüßt hatte, Goethe selbst aber die Französische Revolution als Aufstand des Plebejischen und des Gemeinen, u. a. wegen der vielen Gräuel[15], abgelehnt und Sympathien für den von ihm als kongenial erachteten Napoleon Bonapar-

---

Rat auch Goethe angehörte. Die Reformversuche des Herzogs wurden abgelehnt und das Urteil wurde vollstreckt. Vgl. dazu Goethes Notiz vom 4.11.1783, „daß auch nach meiner Meinung räthlicher seyn mögte die Todtesstrafe beyzubehalten" (Sigrid Damm, Christiane und Goethe. Eine Recherche, Leipzig 1998, 15. Auflage 1999, 82). Im Unterschied zu Goethe sprachen damals andere Zeitgenossen wie der Schriftsteller Johann J. Chr. Bode (1731-1793) von der Todesstrafe als `Staatsmord´ und entsprachen damit heutiger europäischer Rechtsauffassung.

[13] Der deutsche Dichter, Übersetzer, Philosoph und Theologe Johann Gottfried von Herder (1744-1803, geadelt 1802), Sohn eines ostpreußischen pietistischen Kantors und Lehrers, zählt mit Goethe, Schiller und Wieland zum klassischen Viergestirn von Weimar. Der Freimaurer, der sich gegen ein traditionelles, dogmatisches Christentum wandte, war zwar 1776 einer durch Goethe arrangierten Berufung nach Weimar gefolgt, war ihm aber dann den Rest seines Lebens feindlich gesonnen. Herder wurde zum Generalsuperintendenten, Mitglied des Oberkonsistorial- und Kirchenrats, Oberpfarrer und ersten Prediger nach Weimar an die Stadtkirche St. Peter und Paul, später `Herderkirche´ genannt, berufen. Herder, der Meister der „Aposiopesen, Bachylogien, Chiasmen, Hendiadyoine, Oxymora und Hystera-Protera" (https://de.wikipedia.org/wiki/Johann_Gottfried_Herder, aufgerufen am 2. Januar 2018), wurde schon zu Lebzeiten verehrt, vgl. weiterführend Friedrich Wilhelm Kantzenbach, Johann Gottfried Herder mit Selbstzeugnissen und Bilddokumenten, Reinbek 1999, und Michael Maurer, Johann Gottfried Herder. Leben und Werk, Köln 2014. Vgl. weiterführend https://www.deutsche-digitale-bibliothek.de/entity/118549553 (aufgerufen am 4. Januar 2018). Herder trug entschieden zur rationalistisch-biblischen Bildung Goethes bei.

[14] Ludwig XVI. (1754-1793), König von Frankreich und Navarra, war der letzte König des Ancien Régime. Er wurde im Zuge der Französischen Revolution entmachtet, 1793 zum Tode verurteilt und mit der Guillotine öffentlich enthauptet.

[15] Goethe stand der Französischen Revolution ablehnend gegenüber und begründete das u. a. mit ihren Gräueln (Brief an Eckermann v. 4.1.1824), vgl. Gero von Wilpert, Goethe: Die 101 wichtigsten Fragen (beck´sche reihe; 1754), München 2007, 123.

te[16], den Kaiser der Franzosen, als Bändiger der von ihm verachteten Revolutionäre gehegt hatte.[17] Während *Goethe, der Dichter*, Humanität und Toleranz predigte, schien gleichzeitig *Goethe, der Politiker,* so hatte ich den Eindruck, ein Mann von Law and Order, gewissermaßen der John Wayne[18] von Weimar, zu sein[19], der in der längst nicht so wie

---

[16] Napoleon Bonaparte (1769-1821) ist bis heute als französischer General, Diktator und schließlich Kaiser der Franzosen (1815) in Erinnerung geblieben. Der Überwinder der von Goethe verhassten französischen Revolution, der die rechtmäßige staatliche Ordnung wiederherstellte, löste das Heilige Römische Reich Deutscher Nation auf, was zur politischen Neugestaltung Mitteleuropas führte. Goethe an Eckermann über Napoleon: „Sein Leben war das Schreiten eines Halbgottes von Schlacht zu Schlacht und von Sieg zu Sieg" (Brief vom 11.3.1828). Goethe begegnete dem von ihm verehrten Kaiser der Franzosen insgesamt dreimal.

[17] Vgl. Karl Otto Conrady, Goethe. Leben und Werk, Düsseldorf und Zürich 1995, 1999 und 2006, 523f.,812f.+536ff. Das verband ihn mit seinem Freund Friedrich Schiller, den Dichter der `Räuber´: Schiller, der für zivile Freiheiten, für Gedankenfreiheit und gegen den Despotismus der Könige gekämpft hatte, wurde 1792 zum französischen Ehrenbürger (`citoyen français´) ernannt. Der Brief der Revolutionäre traf allerdings um einiges verspätet ein – zu der Zeit war Danton (1759-1794) schon auf dem Schafott hingerichtet worden. Schiller hingegen war realiter kein Freund der Revolutionäre, vgl. Gero von Wilpert, Schiller: Die 101 wichtigsten Fragen (beck´sche reihe; 7017), München 2009, 55. Napoleon gewährte Goethe 1808 während des Fürstenkongresses in Erfurt eine Audienz und zeichnete ihn mit dem Orden der Ehrenlegion aus. Vgl. dagegen die Position von Ludwig van Beethoven (1770-1824), dem Goethe einst in Karlsbad und Marienbad persönlich begegnet war, der die Widmung für Napoleon, für den er sich einst begeistert hatte, in seiner `Eroica´ zurückzog, nachdem sich dieser zum Kaiser krönen lassen und damit die Ideale `Freiheit, Gleichheit, Brüderlichkeit´ verraten hatte.

[18] John Wayne (1907-1979), zu dessen bevorzugten Genres der Western gehörte, war einer der erfolgreichsten Filmschauspieler, -produzenten und -regisseure Hollywoods. Der Republikaner, der für traditionelle Werte eintrat, war Mitglied der Freimaurer und konvertierte kurz vor seinem Tod zum Katholizismus.

[19] Das war schon von Lion Feuchtwanger (1884-1958) in seinem Exilroman `Exil´ (1940) aufgegriffen worden, vgl. dazu weiterführend Wolfgang Rothe, Der politische Goethe, Göttingen 1998, 9, der Goethe für den politischen Schriftsteller seiner Zeit hält.

immer behauptet aufgeklärt-liberalen Stadt gnaden-
los seine Maxime durchsetzte.[20]

Meine Einstellung zu Goethe änderte sich ein wenig, nachdem ich aufgefordert worden war, in
Waldshut-Tiengen die `Goethe-Gesellschaft Hochr-
hein e. V.´[21] mit zu gründen. Im Rahmen einer von
mir initiierten Goethe-Woche in der Evangelischen
Kirchengemeinde Kadelburg anlässlich des 250.
Geburtstags des Dichters[22], die unter dem Titel

---

[20] Vgl. weiterführend W. Daniel Wilson, Das Goethe-Tabu. Protest und Menschenrechte im klassischen Weimar, München 1999. Wilson, geb. 1950,
emeritierter Germanistikprofessor aus Berkeley/USA, hat Goethes Rolle im
spätabsolutistischen Weimar untersucht. Auf dem Hintergrund von bis dato
unbekannten Dokumenten konnte er ein Bild des klassischen Weimar zeich-
nen, das geprägt war von Bespitzelung, Soldatenhandel, Zensur und Fron-
dienst. Goethe spielte mit seinen Funktionen eine nicht unerhebliche Rolle
darin.

[21] Gegründet wurde „Goethes Filiale am Hochrhein" (SÜDKURIER v.
17./18.6.2000) im Sommer 2000 in Waldshut auf Initiative von Dr. Horst Li-
ckert, der viele Jahre auch ehrenamtlich das Amt des 1. Vorstands versah.
Innerhalb kurzer Zeit wuchs der Verein auf über 100 Mitglieder an. Seit seiner
Gründung organisieren Goethes Freundinnen und Freunde am Rande des
Schwarzwalds Vorträge zur Literatur, Theaterfahrten und Studienreisen (vgl.
SÜDKURIER v. 5.3.2002). Heute (2018) hat die Goethe-Gesellschaft Hochr-
hein, Ortsvereinigung Waldshut-Tiengen e.V. 93 Mitglieder. Ihr Vorstand:
Barbara Falge (1. Vorsitzende), Daniel Leers (2. Vorsitzender), Christoph
Jacobi (Schriftführer) und Rose Jüdt (Schatzmeisterin). Die literarische Verei-
nigung, die Goethes Vermächtnis pflegen will, bietet konstant ein vielfältiges
kulturelles Angebot in der Wälderstadt an, vgl. SÜDKURIER v. 15.5.2018.
Christoph Jacobi ist übrigens in direkter Linie einer der Nachkommen des
Philosophen, Juristen, Kaufmanns und Schriftstellers Friedrich `Fritz´ Heinrich
Jacobi (1743-1819), Goethes Gesprächspartner.

[22] Diese Goethe-Woche fand vom 17.-23. Mai 1999 in Kadelburg statt (vgl.
SÜDKURIER v. 11.5.1999). Eine extra zu diesem Anlass entstandene Skulp-
tur mit dem Titel `Goethe als Philosoph´ wurde in der evangelischen Bergkir-
che ausgestellt und begleitete die Themenwoche, in der anhand von Vorträ-
gen Goethes Werk näher beleuchtet und Musik aus der Goethe-Zeit zu Gehör
gebracht wurde und ein Theaterabend stattfand, an dem u. a. aus `Faust´
gelesen wurde. An einem Kindernachmittag wurden Gedichte wie der `Zau-
berlehrling´ rezitiert. Schon damals äußerte ich öffentlich: „Dass Goethe Christ

„Goethe macht Spaß"[23] stand und ein Versuch war, evangelischen Christinnen und Christen Goethes Werk nahezubringen und die Kirche für die Kultur zu öffnen, war „spaßeshalber"[24] die Gründung einer Goethe-Gesellschaft ins Gespräch gebracht worden, zu der es dann ein Jahr später schließlich kam. Im Zuge dieser ehrenamtlichen Vereinstätigkeit wurde ich nun gewissermaßen *gezwungen*, mich intensiver als bisher mit Goethes Leben und Werk zu beschäftigen.[25] Ich erkannte, wie viele histori-

---

war, dafür sprächen aber schon dessen Taufe, Konfirmation, Heirat und Bestattung" (SÜDKURIER v. 28.5.1999).

[23] Vgl. SÜDKURIER v. 20.5.1999.

[24] Vgl. SÜDKURIER v. 28.5.1999: „Spaßeshalber war sogar die Gründung einer Goethe-Gesellschaft im Gespräch – die Goethe-Woche der evangelischen Kirchengemeinde versammelte so viele Goethe-Kenner wie kaum erwartet."

[25] Goethes Werk ist Legion. Von den nennenswerten Bibliographien seien an dieser Stelle exemplarisch genannt: Johann Wolfgang von Goethe Werke, HA 14, Naturwissenschaftliche Schriften II, München 1998, 549-628. Die CD-Rom `Johann Wolfgang von Goethe. Zeit, Leben, Werk´, Berlin 1999, versammelt auf 35000 Buchseiten Goethes Werke, Eckermanns `Gespräche´, Briefe, Artikel u. v. m. Der Reziteater Verlag bietet auf zwei CDs `Goethe 1. und 2. Teil´ Gedichte, Prosa und Briefe von Goethe mit Musik. Anlässlich von Goethes 250. Geburtstag sind verschiedene Hörbücher erschienen, u. a. `Mein Goethe´ (mit dem bekannten Schauspieler Will Quadflieg, 1 CD, Deutsche Grammophon); Gert Westphal, Die italienische Reise (20 CDs, Litraton/Grete Schulga, Hamburg) und `In Goethes Hand – Szenen aus dem 19. Jahrhundert´ (Noa Noa Hörbuch-Edition München), `Wilhelm Meisters Lehrjahre´ (bearbeitet von Angela Gerrits); Christoph Biermann, Goethe für Einsteiger (1 CD, Deutsche Grammophon Hamburg), vgl. weiter Die ZEIT v. 14.1.1999 und v. 26.8.1999. Über Goethe sind auch immer wieder Romane erschienen, u. a. zuletzt von Dieter Kühn, Goethe zieht in den Krieg. Eine biographische Skizze, FfM 1999, von Otto A. Böhmer, Der junge Herr Goethe. Roman, München 1999, und von Rafik Schami, Der geheime Bericht über den Dichter Goethe, München 1999. Auch Comics hatten Goethes Leben und Werk zum Gegenstand, z. B. Goethe – Die Comic-Biografie (1749-1832), von Friedemann Bedürftig, Benjamin von Eckartsberg, Christoph Kürsch, Thomas von Kummant, 2 Bde.: Zum Sehen geboren (Bd. 1), Zum Schauen bestellt (Bd. 2), in Kooperation zwischen dem Goethe-Institut und dem Egmont Ehapa Verlag.

sche Voraussetzungen aus Goethes Zeit für die Gegenwart bestimmend waren und wie viel geistige Verwandtschaft zwischen den Zeitgenossinnen und Zeitgenossen um 1800 und uns noch heute besteht – trotz der widrigen Alltagsumstände, unter denen damals gelebt wurde (eine militarisierte und hierarchische Gesellschaft, Druck durch gesellschaftliche Zwänge, keine Elektrizität und statt dessen Beleuchtung durch Kerzen, keine Kanalisation, eine mangelhafte Infrastruktur, beschwerliche Fortbewegung mittels Pferden und Kutschen, Schreiben mit Feder und Tinte, unterschiedliche Währungen, Wechselkurse und Zölle innerhalb Deutschlands, mangelnde sanitäre Verhältnisse, die selbstverständliche Akzeptanz von Kinder- und Sklavenarbeit, eine fehlende moderne Technologie usw.), und trotz einer im Vergleich zu heute anderen und unübersichtlichen politischen, rechtlichen, ökonomischen, sozialen und kulturellen Gesamtsituation im damals zerstückelten Deutschland.[26] Ich lernte, dass Goethes Texte aus Zeiten von Sturm und

---

Mit Geleitworten von Hilmar Hoffmann und Jutta Limbach, Präsident und Präsidentin des Goethe-Instituts, Stuttgart 2007. Goethe wurde für Kinder und für Jugendliche aufbereitet, vgl. beispielsweise Dagmar Matten-Gohdes (Hgin.), Goethe ist gut. Ein Goethe-Lesebuch, mit Zeichnungen von Marie Marcks, Weinheim-Basel 2006, und Rolfgang vong Goethe, Hallo i bims der Faust. Exremst wichtige Bücher vong Bildung her erklärt für 1 Jugend vong heute, München 2017.

[26] Als Einstieg in die Zeit ist das GEO Epoche-Heft Nr. 79 empfehlenswert: Deutschland um 1800, Hamburg 2016, hier besonders 6-23 sowie der Beitrag über Goethe, Die Leiden des jungen G. auf 38-51.

Drang und aus Zeiten der Weimarer Klassik und die seiner romantischen und aufgeklärten Mitstreiterinnen und Mitstreiter auch nach über zweihundert Jahren unmittelbar ansprechend waren. Einige Jahre übte ich das Amt des zweiten Vorstands der Goethe-Gesellschaft Hochrhein mit Sitz in Waldshut-Tiengen aus.[27]

Im Frühling 2016 hatte ich die Gelegenheit, zum ersten Mal Weimar zu besuchen, und war begeistert! Hatten doch alle wichtigen historischen Stätten in der kleinen Stadt an der Ilm – u. a. das Goethe- und Schillerhaus, Goethes Gartenhaus, das Stadtschloss, die Stadtkirche mit Herderhaus und Altem Gymnasium und die Herzogin-Anna-Amalia-Bibliothek[28], ein Prunkstück des Rokoko – den real

---

[27] Bis heute ist die Goethe-Gesellschaft Hochrhein Mitglied der 1885 gegründeten Goethe-Gesellschaft in Weimar e. V.: http://www.goethe-gesellschaft.de/index.html (aufgerufen am 18. Februar 2018). Ihre Publikationsorgane sind das `Goethe-Jahrbuch´ und eine eigene Schriftenreihe. Gegenwärtig gibt es 57 deutsche Ortsvereinigungen und vierzig internationale Goethe-Gesellschaften. 142 Goethe-Institute fördern in 81 Ländern die deutsche Sprache und Kultur: www.goethe.de (aufgerufen am 9. März 2018).

[28] Der Name der öffentlich zugänglichen Forschungsbibliothek für Literatur- und Kulturgeschichte geht auf die Regentin, Mäzenin, Komponistin und Begründerin des Weimarer Musenhofes, Anna Amalia, Herzogin von Sachsen-Weimar und Eisenach, geb. Prinzessin von Braunschweig-Wolfenbüttel (1739-1807), eine Nichte Friedrichs des Großen (1712-1786) und Mutter des späteren Großherzogs Carl August von Sachsen-Weimar-Eisenach (1757-1828), zurück. Die 1691 gegründete Bibliothek mit ihrem Schwerpunkt auf der deutschen Literatur von der Aufklärung bis zur Spätromantik, die 1991 den Namen der Herzogin erhielt und seit 1998 zum UNESCO-Weltkulturerbe gehört, ist u. a. für ihren Rokokosaal bekannt. Goethe, der sie als Bibliotheksdirektor von 1797 bis zu seinem Tod 35 Jahre lang leitete, verdoppelte in dieser Zeit ihren Bücherbestand auf ca. 80000 Bände. Am 2. September 2004 fügte ein Brand der Bibliothek erhebliche Schaden zu.

existierenden Sozialismus und das korrupte DDR-Regime offensichtlich unbeschadet überstanden und waren nach der Vereinigung der beiden deutschen Staaten auf den Stand einer modernen Museumspädagogik gebracht worden.[29] Wie viele andere war ich an diesen traditionsreichen Wallfahrtsort des Geistes, heute ein Zentrum der Goethe-Pflege und -Forschung, gepilgert, um den *genius loci* jenes Ortes, der zu Goethes Zeiten, als das Land in viele Kleinstaaten zersplittert war und noch keine Hauptstadt hatte, sondern es nur den großherzoglichen Hof gab, zu *der literarischen Hauptstadt Deutschlands* und zur *Hauptstadt der deutschen Klassik* wurde, zu spüren.[30] Bis heute vermitteln die Stätten einen authentischen Eindruck der klassizistischen Zeit, in der u. a. die Geistesriesen Johann Wolfgang von Goethe[31], Friedrich von Schil-

---

[29] Walter Benjamin hatte einst geschrieben: „Wie Kranke in Hospitälern liegen die Handschriften hingebettet, ...wie Leidende auf ihren Repositorien" (Walter Benjamin, Weimar, in: ders., Gesammelte Werke I, FfM 2011, 1070-1072, Zitat auf 1071). So ist es heute nicht mehr.

[30] Einen guten Eindruck der ostdeutschen Stadt, die sowohl mit Klassik, Aufklärung und Humanität als auch mit Jugendstil und Bauhaus und Deutschlands Aufbruch in die Moderne verbunden wird, vermittelt der Film `Der Geist von Weimar´ (1998) von Peter Merseburger (geb. 1928). Davon, wie man in Goethes Kreisen und am Hofe wohnte, berichtet der illustrierte Band von Christoph Hölz, Interieurs der Goethezeit, Augsburg 1999.

[31] Ich habe darauf verzichtet, eine ausführliche Vita von Goethe meinen Ausführungen voranzustellen, da ein Blick auf Wikipedia oder in gängige Internet-Lexika genügt, um sich umfassend über Goethe informieren zu können, vgl. https://de.wikipedia.org/wiki/Johann_Wolfgang_von_Goethe (aufgerufen am 5. Januar 2018). Wer dennoch gerne eine Biografie zur Hand nehmen möchte, der sei verwiesen auf die Darstellungen von Christoph Michel (Hg.), Goethe. Sein Leben in Bildern und Texten. Mit einem Vorwort von Adolf Muschg, FfM

ler[32] und Christoph Martin Wieland[33] lebten. Die Massen an Touristinnen und Touristen gesetzteren Alters und – da Semesterferien – der Mangel an

---

[2]1987 (Chronik auf 398-406); Anja Höfer, Johann Wolfgang von Goethe (dtv portrait), München [2]1999 (Lit. auf 154-157); Dieter Borchmeyer, DuMont Schnellkurs Goethe, Köln 2005; Monika Pelz, Den Blick auf das Herz der Welt. Die Lebensgeschichte des Johann Wolfgang von Goethe, Weinheim 2009, und Sabine Appel, Johann Wolfgang von Goethe. Ein Porträt, Köln-Weimar 2009. Eine Biografie sei besonders hervorgehoben: Die bereits erwähnte von Karl Otto Conrady (Lit.: 1041-1049), eine – ehemals zweibändige und seit 1994 einbändige Ausgabe – „Gesamtbetrachtung von Goethes Leben und Werk" (Karl Otto Conrady, Goethe, a. a. O., Vorwort zur Ausgabe 2006, IXX). Auf den entsprechenden Homepages findet man immer wieder Hinweise auf Goethe-Sekundärliteratur, die inzwischen Legion ist (siehe meine Verweise auf Audios, Videos und Internetadressen im Literaturverzeichnis). Nicht zuletzt sei verwiesen auf gängige Standardlexika und Literaturgeschichten wie Gero von Wilpert (Hg.), Lexikon der Weltliteratur, Bd. I, Stuttgart [2]1975, 588-590, oder Volker Meid, Das Reclam Buch der deutschen Literatur, Stuttgart 2004, [2]2007, 264f.

[32] Friedrich von Schiller (geadelt 1802, 1759-1805), schwäbischer Arzt, Historiker, Dichter, Dramatiker, wurde nach einigen Anfangsschwierigkeiten zum kongenialen Freund Goethes, der wie er die Möglichkeiten der Literatur sah: Die Literatur konnte die großen Fragen des Lebens thematisieren mit dem Ziel der Bildung einer freien Persönlichkeit und wahrer Humanität, vgl. dazu Gero von Wilpert, Schiller: Die 101 wichtigsten Fragen, a. a. O., 71ff. Das Denkmal auf dem Vorplatz vor dem Deutschen Nationaltheater in Weimar, Wahrzeichen der Stadt der deutschen Klassik und Kulturhauptstadt Europas 1999, zeigt die beiden von ihrer Statur her unterschiedlich großen Dichter, die `ohne den Andern nicht leben konnten´, in gleicher Größe – auf geistiger Augenhöhe gewissermaßen. Zur Beziehung zwischen dem Dichter der europäischen Hymne `Freude, schöner Götterfunken´ und dem Dichter des `Faust´ vgl. Rüdiger Safranski, Goethe und Schiller. Geschichte einer Freundschaft, München 2009, und DIE ZEIT Nr. 34 v. 13.8.2009, 35-38.

[33] Der Dichter, Herausgeber und Übersetzer (u. a. der Werke William Shakespeares) Christoph Martin Wieland (1733-1813), Sohn eines schwäbischen Pfarrers, war einer der bedeutendsten Schriftsteller der Aufklärung. Der Vater von 14 Kindern, zeitweise Philosophieprofessor in Erfurt, wurde 1772 nach Weimar berufen. Wieland trug mit dazu bei, dass sich Weimar zum bedeutenden zeitgenössischen Kulturzentrum entwickelte. Nach Jahrzehnten in der Vergessenheit wurde der einst viel gelesene Autor von Arno Schmidt (1914-1979) wiederentdeckt und im Unterschied zu Goethe und Schiller von diesem gefeiert, vgl. z. B. Arno Schmidt, „Na, Sie hätten mal in Weimar leben sollen!" Über Wieland – Goethe – Herder, hg. von Jan Philipp Reemtsma, Stuttgart 2013, bes. 7-29.

jungen Leuten, die auch immer für Aufbruch und Modernität stehen, schmälerten meinen ersten Besuch in der vielleicht berühmtesten deutschen Kleinstadt keineswegs!

Nicht zuletzt brachte es mich zum Nachdenken, an jenem Ort zu sein, der einst der ersten Demokratie auf deutschem Boden ihren Namen gab: Die Deutsche Nationalversammlung hatte 1919 in Weimar getagt und im Deutschen Nationaltheater am 31. Juli 1919 die erste demokratische Verfassung Deutschlands, die Weimarer Verfassung, ohne Könige und Kaiser von Gottes Gnaden, verabschiedet.

Das Ende dieser ersten Demokratie in Deutschland ist bekannt: Eine Besichtigung der KZ Gedenkstätte Buchenwald, nur acht Kilometer entfernt, die an die von den Nazis verübten Verbrechen gegen die Menschlichkeit erinnert und die dunklen Seiten der Aufklärung widerspiegelt, habe ich mir allerdings für einen späteren Besuch aufgespart.

Ich danke allen, die mich an Goethes großes und großartiges Werk näher herangeführt haben, allen voran Dr. Horst Lickert aus Waldshut-Tiengen. Der für die Ökumene aufgeschlossene langjährige Leiter des Bildungswerkes der Erzdiözese Freiburg mit Sitz in Waldshut, mit dem ich viele Jahre in der Erwachsenenbildung zusammengearbeitet habe, ist ein ausgewiesener Goethe-Kenner und meines Wissens der Erste, der als Angehöriger der römisch-katholischen Konfession an der reformierten theologischen Fakultät der Universität Zürich zum Thema Goethe promoviert hat. Inzwischen im Ruhestand lebend, hat mich Horst Lickert vor vielen Jahren an seinen Forschungen und Aktivitäten zu Goethe gedanklich teilhaben lassen. Einige Erkenntnisse seiner wissenschaftlichen Untersuchung sind in dieses Buch mit eingeflossen.[34]

Herzlichen Dank an Barbara Dammenhayn-Scott, die das Manuskript in bewährter Weise Korrektur gelesen hat.

Ruth Rüttinger aus Dogern danke ich vielmals für das Bild „Goethe", das die Titelseite dieses Buches ziert.

Christoph Jacobi aus Küssaberg-Dangstetten danke ich für so manchen Gedankenaustausch in den vergangenen Jahren, sei es zu Hermann Hesse, zu Thomas Mann oder zu Johann Wolfgang von Goe-

---

[34] Vgl. Horst Lickert, „… ob ihr mich gleich für einen Heiden haltet" oder Goethe und sein Christentum *Authentische Ambivalenz als autarkes Profil* (diss. theol.), Zürich 1999. Der Titel geht zurück auf ein Goethe-Zitat, das von Goethes Freund, Friedrich von Müller (1779-1849), überliefert wurde: „Sie wissen, wie ich das Christentum achte, oder Sie wissen es vielleicht auch nicht; wer ist denn noch heutzutage ein Christ, wie Christus ihn haben wollte? Ich allein vielleicht, ob Ihr mich gleich für einen Heiden haltet" (Goethe an Kanzler F. von Müller, Brief v. 7. April 1830, in: ders., GA 23, 686; vgl. auch Goethes Gespräche. Eine Sammlung zeitgenössischer Berichte aus seinem Umgang, aufgrund der Ausgabe und des Nachlasses von Flodoard Freiherrn von Biedermann, hg. von Wolfgang Herwig, 3 Bde., Zürich-Stuttgart 1965-87, 3. 2, 604). Der Jurist und Freimaurer von Müller war Staatskanzler des Großherzogtums Sachsen-Weimar-Eisenach: „Sein Buch über seine Gespräche mit Goethe gilt als wichtiges literarisches Zeugnis" (https://de.wikipedia.org/wiki/Friedrich_von_M%C3%BCller_%28Politiker%29, aufgerufen am 3. Februar 2018).

the, zur Musik und zur Literatur im Allgemeinen sowie, last but not least, zu seinem Urahnen Friedrich Heinrich Jacobi im Besonderen.

Gewidmet ist dieses Buch meinem Sohn Balthasar Kaiser. Er gehört *dem* Jahrgang an, der sich in Baden-Württemberg nach vielen Jahren der schulischen Goethe-Abstinenz im Abitur wieder mit Goethe zu beschäftigen hat. Es würde mich freuen, wenn er durch dieses Buch einen Zugang zu dem großen Dichterfürsten aus Weimar und seiner Welt fände.

Kadelburg, 28. August 2018   Thomas O. H. Kaiser

Einleitung

Die Annahme, dass Johann Wolfgang von Goethe (1749-1832), „nach allgemein geteilter Auffassung (zu den) bedeutendsten deutschen Dichter(n) bzw. Künstler(n)"[35] zählend, ein `Heide´ gewesen sei, ist seit vielen Jahren, Jahrzehnten und Jahrhunderten gar, weit verbreitet. Bereits Heinrich Heine, Kritiker und zugleich Verehrer Goethes, schrieb über Aversionen einiger Zeitgenossen gegenüber dem Weimarer Geheimrat: „Die Orthodoxen waren ungehalten gegen den großen Heiden, wie man Goethe allgemein in Deutschland nennt; sie fürchteten seinen Einfluß auf das Volk, dem er durch lächelnde Dichtungen, ja durch die unscheinbarsten Liederchen seine Weltansicht einflößte; sie sahen in ihm den gefährlichsten Feind des Kreuzes..."[36] Diese Hypo-

---

[35] Jochen Hörisch, Kunst oder Medien, in: ders., Gott, Geld, Medien. Studien zu den Medien, die die Welt im Innersten zusammenhalten (es 2363), FfM 2004, 223-239, Zitat auf 223. Gerhard Schulz, geb. 1928, emeritierter Germanistikprofessor an der University of Western Australia in Perth/Australien, hat die Perspektive gewechselt und im Unterschied dazu das zwiespältige Verhältnis Goethes zu den Deutschen untersucht, vgl. Gerhard Schulz, Exotik der Gefühle. Goethe und seine Deutschen, München 1998.
[36] Heinrich Heine, Die romantische Schule, in: ders., Sämtliche Werke in drei Bänden, Bd. 3, a. a. O., 36. Heine schreibt weiter: „Der indifferente Pantheist wurde... von den entgegengesetzten Seiten angegriffen; um französisch zu sprechen, die äußerste Rechte und die äußerste Linke verbanden sich gegen ihn; und während der schwarze Pfaffe mit dem Kruzifixe gegen ihn losschlug, rannte gegen ihn zu gleicher Zeit der wütende Sansculotte mit der Pike." Heine, zusammen mit Ludwig Börne (1786-1837) ein dezidierter Gegner Goethes, kritisierte dessen „quietisierenden Einfluß auf die deutsche Jugend", bezeichnete ihn aber gleichzeitig als „König unserer Literatur" (beide Zitate ebda.).

these wurde noch jüngst von Schriftstellerinnen[37] und Literaturexperten[38] vertreten. Doch diese Annahme, so meine Gegenthese, ist falsch: Johann Wolfgang von Goethe wurde lutherischer Tradition gemäß als Baby evangelisch-lutherisch getauft (1749)[39] und als Jugendlicher in der Frankfurter Katharinenkirche konfirmiert (1763), heiratete kirchlich (1806), ließ seinen Sohn evangelisch taufen[40] und wurde selbst schließlich evangelisch beerdigt

---

[37] Vgl. Sigrid Damm, Christiane und Goethe, a. a. O., 132, wo es heißt, dass Goethes Weigerung, die Ehe mit Christiane Vulpius einzugehen, nicht als Zögerlichkeit zu begreifen ist, sondern: „Es hat mit Goethes Heidentum, seiner antikirchlichen Haltung... zu tun." Sigrid Damm zieht hier eine nicht begründete Schlussfolgerung, die ich so nicht nachvollziehen kann.

[38] So schreibt etwa Rüdiger Safranski (geb. 1945), promovierter Literaturwissenschaftler, Philosoph und Schriftsteller, dass Goethe zunächst die Bildung und Vielseitigkeit der `Reden Schleiermachers über Religion an die Gebildeten unter ihren Verächtern´ rühmte, aber „sich dann sein Heidentum doch" durchsetzte (Rüdiger Safranski, Romantik. Eine deutsche Affäre, München 2007, 149). Safranski hielt sich lange auf der SPIEGEL-Bestseller-Liste (Platz 12 im SPIEGEL Nr. 49 v. 3.12.2007), so dass er u. a. dadurch im Blick auf das Goethebild in der Öffentlichkeit prägend war. Zuletzt vertrat Rüdiger Safranski die These, dass Goethe `Heide´ war, im Gespräch mit Volker Panzer, Jochen Hörisch und Elke Schmitter im ZDF-Nachtstudio vom 16. September 2007 zum Thema: `Romantik – ein deutscher Sonderweg´.

[39] Goethe wurde am 29. August 1749 getauft. „Im Frankfurter Kirchenbuch ist die Taufe Wolfgang Goethes durch den Hauptpfarrer an der Katharinenkirche, Dr. Fresenius, der auch schon die Eltern getraut und die Mutter konfirmiert hatte, protokolliert" (Karl Otto Conrady, Goethe, a. a. O., 21). Der pietistische Fresenius, Vater von zehn Kindern, war von August Hermann Francke (1663-1727) und Philipp Jakob Spener (1635-1705) beeinflusst und wirkte als Erweckungsprediger in Frankfurt.

[40] Wolfgang Vögele (geb. 1962), Pfarrer und Privatdozent für Systematische Theologie und Ethik an der Universität Heidelberg, schrieb 2015 in einem Essay in der Online-Zeitschrift `Tà katoptrizómena´: „Goethe konnte zwar über die evangelische Kirche schimpfen, aber es war ihm sehr wichtig, dass sein Sohn August getauft wurde" (Wolfgang Vögele, Verdichteter Glaube. Religion und Literatur bei Goethe, Hebel und Wagner, in: https://www.theomag.de/93/wv15.htm, aufgerufen am 12. April 2018]).

(1832).[41] Mehr noch: Der Politiker, Naturforscher und Dichterfürst aus Weimar, bei Zeitgenossinnen und Zeitgenossen nicht unumstritten[42], hatte zwar nicht Theologie, sondern Jura studiert, war aber bekanntlich ein bibelfester Mensch mit einem weiten religiösen Bewusstseinshorizont, frei im Umgang mit seinem Glauben, unorthodox, neugierig, fragend, kritisch hinterfragend, zweifelnd[43], auch zeitweise distanziert – kurzum: Goethe, zwar ambivalent in Glaubensdingen und in Sachen Religion[44], war aber lebenslang mit einer klaren evangelischen Identität

---

[41] Ernst Cassirer (1874-1945), deutsch-jüdischer Philosoph, gehört m. W. zu den wenigen, die Zweifel an Goethes angeblichem `Heidentum´ angemeldet haben, wie aus seinen erst 1991 entdeckten Notizen aus dem Nachlass hervorgeht, vgl. Ernst Cassirer, Goethe und die Bibel, in: ders., Nachgelassene Manuskripte und Texte, Band 11: Goethe-Vorlesungen (1940-1941), hg. v. John Michael Krois, Hamburg 2003, 344-347, bes. 344, Fußnote B. Cassirer zufolge war Goethe weder ein orthodoxer Christ noch war er `historisch-kritisch´ an der Bibel interessiert. Die Bibel habe Goethe in seiner Kindheit beeinflusst; sie sei aus seiner Entwicklungs- und Bildungsgeschichte nicht wegzudenken und sei ihm zeitlebens wichtig gewesen. Cassirer erinnert daran, dass Goethe in `Dichtung und Wahrheit´ (Goethe, HA 1, 4, 114ff.) eine Erzählung des Deuteronomiums aufgenommen hat. Ihm zufolge sei Goethe „vielleicht der Erste" gewesen, der die Bibel „völlig undogmatisch" gelesen habe (Ernst Cassirer, Goethe und die Bibel, in: ders., Nachgelassene Manuskripte, a. a. O., 344-347, Zitat auf 345; vgl. dazu auch Ernst Cassirer, Vierte Vorlesung: Elternhaus und Kindheit: 23.X.40, in: ders., Nachgelassene Manuskripte, a. a. O., 53). Ich schließe mich Ernst Cassirer in dieser Einschätzung von Goethes Religiosität an. Bei Wolfram Eilenberger Zeit der Zauberer. Das große Jahrhundert der Philosophie 1919-1929, Stuttgart [5]2018, 418f., befindet sich eine Übersicht des Werkes von Ernst Cassirer.
[42] Der unbegabte Goethe. Der Dichter in mißwollenden Zeugnissen seiner Mitlebenden. Mit Bildern von Hans Traxler, München-Wien 1998, 5-48.
[43] „Sorgen! Sorgen! Immer Schwäche im Glauben" (Goethe, zit. nach Karl Otto Conrady, Goethe, a. a. O., 78).
[44] Vgl. Goethe und die Religion. Aus seinen Werken, Tagebüchern und Gesprächen, hg. von H.-J. Simm, FfM 2000. Unerlässlich ist ein Blick auf: http://www.ursulahomann.de/GoetheUndDieReligion/komplett.html

ausgestattet.[45] Seine berühmte Gretchenfrage: „Nun sag´, wie hast du´s mit der Religion?´[46] soll im Folgenden an Goethe selbst gerichtet werden. Dazu werde ich – im Bewusstsein dessen, dass Goethe keineswegs eine religiöse Natur wie beispielsweise Martin Luther war – Spuren der religiösen Vorstellungswelt[47] in seinem Werk[48] nachgehen und es punktuell von einigen Seiten beleuchten.[49] Ich bin

---

[45] Dabei ist es klar, dass Goethe sich, wie jeder Christ, einmal mehr, einmal weniger zum christlichen Glauben hingezogen fühlte. Am größten war vermutlich der Abstand bis zur Abkehr davon während seiner Frankfurter Zeit.

[46] Goethe, Faust I, v3415. Gretchen, vom christlichen Glauben ganz und gar durchdrungen, wird von Goethe im Faust als Sünderin dargestellt – sie gibt ihrer Frömmigkeit durch Kirchgang, Beichte, Gebet und Marienverehrung Ausdruck. Später wird die Frage umschrieben in "Glaubst du an Gott?" (Goethe, Faust I, v3426).

[47] Goethes Religiosität ist natürlich schon früher Gegenstand einiger Arbeiten gewesen, von denen exemplarisch genannt seien: Günter Niggl, „Fromm" bei Goethe. Eine Wortmonographie (Hermaea. Neue Folge, Germanistische Forschungen; Bd. 21), Tübingen 1967; Peter Hofmann, Goethes Theologie, Paderborn u. a. 2001. Auch auf einigen Tagungen wurde Goethes Religiosität schon beleuchtet, so z. B. bei der 74. Hauptversammlung der Goethe-Gesellschaft vom 8.-10. Juni 1995, bei der es u. a. um den „jungen Goethe und das religiöse Denken des 18. Jahrhunderts" ging (einzelne Referate nachzulesen in: Goethe-Jahrbuch 112 [Jg. 1995], Weimar 1996).

[48] Ich zitiere im folgenden Goethe nach der Frankfurter Ausgabe (FA, dann Abteilungs-, Band- und Seitenzahl): Goethe. Sämtliche Werke, Briefe, Tagebücher und Gespräche in 40 Bänden (Abt. I u. II), hg. v. Hendrik Birus, Dieter Borchmeyer u. a. FfM 1985ff. Die anderen Goethe-Ausgaben zitiere ich wie folgt: Johann Wolfgang Goethe, Sämtliche Werke nach den Epochen seines Schaffens, 21 Bde., hg. v. Karl Richter u. a., München 1985-1998 (MA); Goethes Werke, hg. im Auftrag der Großherzogin S. v. Sachsen. Abteilungen I-IV, 133 Bde, Weimar 1887-1919 (WA); Goethe, Werke, Hamburger Ausgabe in 14 Bänden, mit Kommentaren und Registern, hg. v. Erich Trunz, Hamburg 1948-1960, Neuauflage München 1966-1974 und 1982-2008 (HA).

[49] Auch andere bedeutende Dichter protestantischer bzw. jüdischer Herkunft wurden immer wieder auf ihr Verhältnis zur Religion untersucht, vgl. Eckart Beutel, Fontane und die Religion. Neuzeitliches Christentum im Beziehungsfeld von Tradition und Individuation (PThK 13), Gütersloh 2003, 15, der einen Fontane-Kenner mit den Worten zitiert: „War Fontane selbst ein Christ?"; Günter Hartung, Heinrich Heine und die Bibel, in: Jürgen Ebach/Richard Faber

mir dabei bewusst, dass es sich hier um ein schwieriges Problem handelt, zum einen, weil sich Goethe zwar Zeit seines Lebens mit Religion beschäftigt hat[50], aber seine theologischen oder religionsphilosophischen Gedanken nicht systematisch entfaltet oder ein Lehrgebäude errichtet resp. Lehrbuch geschrieben hat;[51] zum anderen, weil es schon zu Lebzeiten Goethes Streit darum gab, ob Goethe überhaupt eine Religion hatte: „An dogmatischen Gegnern hat es G[oethe] nie gefehlt. Und sie haben nie verfehlt, das [!, TOHK] gröbsten Geschütze gegen ihn zu richten und zu den bedenklichsten Waffen gegen ihn zu greifen".[52]

(Hg.), Bibel und Literatur, München 1995, 137-156; Leo Löwenthal, Untergang der Dämonologien. Studien über Judentum, Antisemitismus und faschistischen Geist, Leipzig 1990, 39-50; Hans Pabst, Brecht und die Religion, Graz-Wien-Köln 1977; Eberhard Rohse, Der frühe Brecht und die Bibel. Studien zum Augsburger Religionsunterricht und zu den literarischen Versuchen des Gymnasiasten (Palaestra; Bd. 278), Göttingen 1983; oder, last but not least, Heinrich Detering, Thomas Manns amerikanische Religion. Theologie, Politik und Literatur im kalifornischen Exil. Mit einem Essay von Frido Mann, FfM 2012.

[50] Noch einmal Wolfgang Vögele: „Goethe ließ die Religionsfrage offensichtlich zeitlebens nicht los, aber er wurde weder zum Anhänger noch zum Bekenner, schon gar nicht zum Fundamentalisten, sondern er bewegte sich frei und ungezwungen zwischen Religionen und Glaubensrichtungen, aber auch Philosophien und Weltanschauungen" (https://www.theomag.de/93/wv15.htm, aufgerufen am 18. April 2018).

[51] Rüdiger Safranski hält zum Thema Religion bei Goethe fest: „Es taucht an vielen Stellen der Autobiographie auf, und zwar nicht nur dort, wo sie im erzählten Leben eine Rolle gespielt hat, sondern auch dann, wenn Goethe sich gegenwärtig zum Nachdenken über bestimmte religiöse Fragen herausgefordert fühlte" (Rüdiger Safranski, Goethe, a. a. O., 532f.).

[52] Ernst Cassirer, Der junge Goethe II. Fünfte Vorlesung [Die Religion des jungen Goethe. 5.III.41], in: ders., Nachgelassene Manuskripte und Texte, Bd. 11 (Goethe-Vorlesungen 1940-1941), hg. v. John Michael Krois, Hamburg 2003, 188-204, Zitat auf 188f. Cassirer führt das dreibändige Werk `Goethe

Zunächst: Woher kommt die weitverbreitete irrige Meinung, Goethe sei Heide oder Nicht-Christ gewesen?[53] Häufig wird eine Aussage des Zürcher Theologen Johann Caspar Lavater[54] als Beweis für Goethes überliefertes Diktum „Ich bin kein Christ"[55] her-

---

und seine Werke´ des Jesuitenpaters Alexander Baumgartner (1841-1910) an, der Goethe u. a. vorwirft, dass er in seinem `West-Östlichen Diwan´ „das Kreuz in den Kot getreten und an seiner Stelle den mohammedanischen Halbmond wieder aufgepflanzt habe" (Ernst Cassirer, Der junge Goethe II. Fünfte Vorlesung, in: ders., Nachgelassene Manuskripte, a. a. O., 189).

[53] Zu Goethes Verhältnis zum Christentum seien exemplarisch erwähnt: W. Keller, Altersmystik? Der späte Goethe und das Christentum seiner Zeit. Ein Fragment in Skizzenform, in: Wahrheit und Wort. FS für Rolf Tarot zum 65. Geburtstag, hg. v. G. Scherer und B. Wehrli, Bern u. a. 1996, 237-256: „Keine Frage: der naturforschende Goethe verabschiedete sich während der achtziger Jahre unter dem Einfluß Spinozas und Lukrez´ vom christlichen Glauben. Der alte Herr kehrte nicht zu ihm zurück, näherte sich ihm aber wieder an, ohne prinzipielle Vorbehalte gegen Dogmen und Glaubensartikel aufzugeben."

[54] Der reformierte schweizerische Philosoph und Schriftsteller Johann Caspar Lavater (1741-1801), zuerst Diakon und ab 1787 Pfarrer an St. Peter in Zürich (wo sich auch sein Grab befindet), war der Hauptrepräsentant der `Physiognomik´, jener einflussreichen pseudo-wissenschaftlichen Lehre, die vom Äußerlichen auf Charaktereigenschaften eines Menschen schließt. Goethe, zunächst für Lavaters Gedanken empfänglich, wandte sich später, vor allem wegen dessen euphorischen Christentums und religiösen Intoleranz, von ihm ab (Goethes Spott ist erkennbar in seinen `Venezianischen Epigrammen´ und in den `Xenien´) und vertrat, wie Georg Christoph Lichtenberg (1742-1799), die alternative Theorie der Pathognomik. Das anfangs von gegenseitiger Wertschätzung geprägte und später gespannte Verhältnis von Goethe und Lavater beleuchtet näher Wolf-Daniel Hartwich, Nichtchristliche `Offenbarung´: Goethe, Lavater und die biblische Apokalypse, in: Johannes Anderegg/Edith Anna Kunz (Hg.), Goethe und die Bibel (Arbeiten zur Geschichte und Wirkung der Bibel, AGWB, Bd. 6), Stuttgart 2005, 111-134. Zu ähnlichen Erkenntnissen gelangt Christian Sinn, Belsazars Geburtstag: Annäherungen an den Schriftbegriff des jungen Goethe, in: Johannes Anderegg/Edith Anna Kunz (Hg.), Goethe und die Bibel, a. a. O., 35-56, bes. 35-38. Im Lavaterhaus, St. Peterhofstatt 6, 8001 Zürich, kann man sich informieren lassen über den `Vertreter des geistigen Zürich im 18. Jahrhundert´: http://www.lavater.com/sammlung/Standort1.html (aufgerufen am 12. April 2018).

[55] Johann Wolfgang von Goethe an J. C. Lavater, 2. Hälfte November 1773, in: FA II, 1, 331 (Zitat im Lavaterschen Antwortbrief v. 30.11.1773). In einem Brief an Lavater v. 29.7.1782 heißt es unter Bezugnahme auf dessen Pilatus-

angezogen. Dieser apodiktisch klingende Satz, sollte er so von Goethe gesagt worden sein, findet sich aber ausschließlich an einer Stelle! Nur aufgrund dieses einen und ungesicherten Textbefundes scheint die Thematik ˋGoethe und das Christentumˊ für die Mehrheit der Schriftstellerinnen und Schriftsteller, Philosophen und Theologinnen abgeschlossen zu sein.[56] Es gibt zwar einige Veröffentlichungen zu diesem Themenbereich – nicht zu vergessen die Rezeption durch Rudolf Steiner und seine Jünger[57] –, aber größtenteils scheint sich Goethe seinen Kritikern zufolge in einer emanzipatorischen Geistesbewegung vom christlichen Glauben losgesagt zu haben.[58] Meines Erachtens ist das Gegen-

---

buch: „Da ich zwar kein Widerkrist, kein Unkrist aber doch ein dezidierter Nichtkrist binn, so haben mir dein Pilatus und so weiter widrige Eindrücke gemacht" (hier zitiert nach Horst Jesse, Erkenntnis des Göttlichen oder Bekenntnis zu Jesus Christus. Goethe und Lavater im Gespräch über den christlichen Glauben, in: DtPfrBl 10/2007, 551-553, Zitat auf 551). Das Zitat stammt im Original aus: Goethe an Lavater, Brief v. 29. Juli 1782, in: ders., GA 18, 680 und Goethe, WA IV, 6, 20. Vgl. dazu auch Karl Otto Conrady, Goethe, a. a. O., 431.

[56] Unhinterfragt wurde dieser Satz auch ins ˋFrankfurter Personenlexikonˊ übernommen: „Goethe blieb zeitlebens ˋdezidierter Nichtchristˊ..." (http://frankfurter-personenlexikon.de/node/2398, aufgerufen am 15. März 2018).

[57] Die Schriften der Anthroposophen zum Thema ˋGoethe und das Christentumˊ können m. E. an dieser Stelle wegen ihrer ideologischen Färbung und Stoßrichtung vernachlässigt werden. Vgl. ansonsten exemplarisch Rudolf Meyer, Goethe – der Heide und der Christ, Stuttgart ²1965, oder Berthold Wulf, Maximen des Christentums – Goethes religiöse Welterfahrung, Stuttgart 1975.

[58] So in einer Monographie jüngeren Datums, vgl. Nicholas Boyle, Goethe – Der Dichter in seiner Zeit, Band I: 1749-1790. Aus dem Englischen übersetzt von Holger Fliessbach, München 1995, ³2000, 134ff. Boyle verlagert die hypothetische Annahme der Loslösung Goethes vom Christentum in dessen Jugend. Schon Goethe-Biograf Karl Otto Conrady hielt fest: „Den Glauben an

teil der Fall: Goethe wurde ins Christentum und in die evangelische Kirche hineingeboren und hat sich Zeit seines Lebens damit beschäftigt. Er war tolerant gegenüber anderen Formen von Religiosität – auch gegenüber anderen christlichen Ausprägungen als die, die ihm seit frühester Kindheit und Jugend bekannt waren –, aber er hat sich nie vom christlichen Glauben gelöst. Er ist auch nie aus der Kirche ausgetreten und hat mit ironisch-schneidender Satire auf all diejenigen reagiert, die ihm sein Christsein absprechen wollten.[59] Seine zunächst ambivalente Haltung gegenüber Glauben und Religion im Allgemeinen ist mit zunehmendem Alter, in guter protestantischer Tradition, zusehends kritischer geworden. Goethe hat zwar keine systematische Abhandlung zur Religion – die er als Tat und Gesinnung, ähnlich seiner Gleichsetzung des

---

Jesus als Christos, den Wiederauferstandenen und Sohn Gottes, konnte er [Goethe, TOHK) nicht annehmen. Er glaubte nicht an die von den christlichen Kirchen verkündeten Heilsgewißheiten und war überzeugt, daß sich nur derjenige, der fest an sie glaubte, zu Recht Christ nennen dürfe" (Karl Otto Conrady, Goethe, a. a. O., 430f.).

[59] Es war schon immer ein polemisches Totschlagargument, einem kritischen Geist das Christsein abzusprechen. Der alte Goethe resümiert rückblickend: „Ich weiß recht gut, ich bin Vielen ein Dorn im Auge, sie wären mich Alle sehr gerne los; und da man nun an meinem Talent nicht rühren kann, so will man an meinen Charakter. Bald soll ich stolz sein..., bald egoistisch, bald voller Neid gegen junge Talente, bald in Sinnenlust versunken, *bald ohne Christentum* [sic!, Herv. v. Autor, TOHK], und nun endlich gar ohne Liebe zu meinem Vaterlande und meinen lieben Deutschen" (Goethe, Gespräche mit Eckermann, Gespräch am 14. März 1830, in: ders., Münchner Ausgabe [im Folgenden: MA] 19, 659). Jochen Hörisch zufolge ironisiert und travestiert Goethes Werk fast durchweg religiöse Motive. Hörisch bringt einige Beispiele, vgl. Jochen Hörisch, Religiöse Abrüstung – Goethes Konversions-Theologie, in: ders., Gott, Geld, Medien, a. a. O., 68ff.

Lebens mit Tätigkeit[60] verstand – oder zum Christentum hinterlassen; allerdings findet man zum Thema überall in seinem Werk verstreut Äußerungen. Seine Gedichte, Dramen und Abhandlungen atmen den Geist biblischer Sprache.[61] Dies gilt es im Folgenden etwas näher zu betrachten. Dabei bin ich mir bewusst: „Über Goethes Verhältnis zum Christentum ist viel geschrieben, auch gerätselt worden, weil es ein breites Spektrum unterschiedlicher Äußerungen gibt."[62]

---

[60] Für Goethe „war das Leben identisch mit Tätigkeit" (Günter Peters, Art. `Tätigkeit´, in: Goethe-Handbuch, Bd. 4/1 [Personen, Sachen, Begriffe], hg. v. H.-D. Dahnke und R. Otto, Stuttgart/Weimar 2004, 1035-1037, Zitat auf 1035). Ich bin auf das Zitat durch den erhellenden Aufsatz von Edith Anna Kunz gestoßen: `Unbedingte Ruh´ – `große Taten´. Zu paradiesischer Passivität und irdischer Tätigkeit bei Goethe, in: Johannes Anderegg/Edith Anna Kunz (Hg.), Goethe und die Bibel, a. a. O., 173-184, bes. 183. Vgl. ebenso Metzlers Goethe-Lexikon, hg. v. Benedikt Jeßling, Berndt Lutz und Inge Wild, Stuttgart 1999, 482; Goethe-Lexikon, hg. v. G. v. Wilpert, Stuttgart 1998, 1049.
[61] Biblische Bezüge und biblisches Material haben in den bekannten Goethe-Werkausgaben – der Berliner, der Frankfurter, der Hamburger und der Münchner Edition – leider kaum adäquat Berücksichtigung gefunden.
[62] Karl Otto Conrady, Goethe, a. a. O., 430.

1. Goethe und die Bibel

Goethe ist im Zeitalter Friedrichs des Großen[63] aufgewachsen. Er wurde in eine wohlhabende evangelisch-lutherische Familie in Frankfurt hineingeboren.[64] Sein Vater, der vermögende `wirkliche kaiser-
liche Rath´ Johann Caspar Goethe[65], war im ratio-

---

[63] Friedrich II. (1712-1786) aus der Dynastie der Hohenzollern, auch Friedrich
der Große oder `Der Alte Fritz´ genannt, war ab 1740 König *in* Preußen und
Kurfürst von Brandenburg und ab 1772 König *von* Preußen. Durch ihn, den
Repräsentanten des aufgeklärten Absolutismus, gelangte Preußen zur Groß-
macht (neben Frankreich, Großbritannien, Österreich und Russland). Friedrich
II., erzogen von Hugenotten und offen für Musik (er spielte sehr gut Querflöte
und komponierte auch), Literatur (er schrieb ausschließlich auf Französisch),
Kunst und Philosophie, schaffte die Folter als Ausdruck von Barbarei ab,
führte Reformen durch und die Kartoffel als Nahrungsmittel ein und förderte
das Bildungssystem. Der König, von dem heute angenommen wird, dass er
homosexuell war, führte mehrere Kriege (u. a. den `Siebenjährigen Krieg´),
galt als sehr schnell, unberechenbar und unbezwingbar und wurde wegen
seines strategischen Geschicks `der Große´ genannt. Der Ausspruch des
bekennenden Freimaurers: `Jeder soll nach seiner Façon selig werden´, hat
heute Eingang in den allgemeinen deutschen Sprachgebrauch gefunden. Das
schlichte Grab des erklärten Hundefreundes befindet sich seit 1991, nach
einem Intermezzo auf Burg Hohenzollern, in einer Gruft auf der Terrasse des
Schlosses Sanssouci – so, wie er es einst testamentarisch festgelegt hatte.
[64] „Die bis heute gültige Adresse von Goethes Frankfurter Geburtshaus, Großer Hirschgraben 23, geht... auf ein spätmittelalterliches Wildgehege zurück"
(Bruno Preisendörfer, Als unser Deutsch erfunden wurde, Reise in die Lutherzeit, Berlin 2016, 138). Preisendörfer will in seinem ausgezeichneten Buch
„die Epoche Goethes nicht systematisch erfassbar, sondern erzählerisch
erfahrbar machen" (14) und beleuchtet das kulturelle, politische, wirtschaftli-
che und soziale Leben im Deutschland des 18./19. Jahrhunderts. Zur Authen-
tizität des Goetheschen Elternhauses vgl. Gero von Wilpert, Goethe: Die 101
wichtigsten Fragen, a. a. O., 48f.
[65] Johann Caspar Goethe (1710-1782) organisierte Privatunterricht in Latein,
Griechisch, Hebräisch, Englisch, Französisch und Italienisch sowie Schön-
schreib-, Zeichen-, Musik-, Tanz-, Reit- und Fechtunterricht für seinen Sohn.
Er wurde von Goethe in seiner Autobiographie als pedantisch, geizig und
humorlos beschrieben, so dass heute in der Forschung von einem Generati-
onskonflikt im Hause Goethe ausgegangen wird. Dreihundert Jahre später
wurde dieses von Goethe überlieferte Zerrbild seines Vaters korrigiert, vgl.

nalistischen Luthertum verortet, Goethes Mutter, Catharina Elisabeth Goethe, geb. Textor[66] – 21 Jahre jünger als ihr Ehemann und 18 Jahre älter als ihr Sohn – gehörte dem Pietismus an.[67] Dieser war damals für das geistige Klima Frankfurts prägend: Mit seiner Betonung der Sündhaftigkeit und Erlösungsbedürftigkeit des Menschen war er entstanden in „Reaktion auf die Dürre der wiedererstandenen protestantischen Scholastik: So trat das Affektive in den Vordergrund. Wie Christus der Kern der Heiligen Schrift ist, so ist die Liebe der Kern aller Affekte. Um die Heilige Schrift zu verstehen, bedarf es

---

https://www.frankfurt.de/sixcms/detail.php?id=8656&_ffmpar%5B_id_inhalt%5D=7557690 (aufgerufen am 16. März 2018).

[66] Catharina Elisabeth Goethe (1731-1808), genannt Frau Aja, war die älteste Tochter von Johann Wolfgang Textor (1693-1771), einem Juristen, der ab 1747 das Amt des Stadt- und Gerichtsschultheiß, des Leiters des Justizwesens der Stadt auf Lebenszeit, bekleidete, und dessen Frau Anna Margarethe Lindheimer (1711-1783). Standesgemäß heiratete sie früh – im Alter von 17 Jahren den zu der Zeit 38jährigen Johann Caspar Goethe. Von den sieben gemeinsamen Kindern erreichten nur Johann Wolfgang und Cornelia das Erwachsenenalter, vgl. Sigrid Damm, Cornelia Goethe, FfM 1988, 2015, 15, und ausführlich Dagmar von Gersdorff, Goethes Mutter. Eine Biographie, FfM 2001.

[67] Heinrich Heine beschrieb in seiner `Geschichte der Religion und Philosophie in Deutschland´ den permanent andauernden Kampf der Systeme Platons und Aristoteles´ als Typen zweier sich einander feindlich gegenüberstehender Menschennaturen – für die der `schwärmerischen´ steht Platon, für die der praktisch-ordnenden, Dogmatik und Kultus bauenden Aristoteles. In der protestantischen Kirche zeigte sich Heine zufolge dieser Kampf als „Zwiespalt zwischen Pietisten und Orthodoxen... Die protestantischen Pietisten sind Mystiker ohne Phantasie, und die protestantischen Orthodoxen sind Dogmatiker ohne Geist" (Heinrich Heine, Der Salon 1: Zur Geschichte der Religion und Philosophie in Deutschland, in: ders., Sämtliche Werke, Bd. 2, a. a. O., 518-623, Zitat auf 559).

vor allem des Verständnisses der Affekte."[68] Eine evangelisch-lutherische Erziehung unter Berücksichtigung biblischer Stoffe[69] war im Hause Goethe selbstredend. Kirchgang, Bibel und Gesangbuch waren in Goethes Kindheit und Jugend wie auch in anderen Familien in dieser Zeit eine Selbstverständlichkeit.[70] Goethe, der in seinem Leben nie eine öf-

---

[68] Hans-Georg Gadamer, Einführung, in: Hans-Georg Gadamer/Gottfried Boehm (Hg.), Seminar: Philosophische Hermeneutik (stw 144), FfM 1976, 1979, 7-40, Zitat auf 21.

[69] Die Bibel begleitete die Schüler vom ersten Schultag an. Der Schüler Goethe kam darüber hinaus mit der Bibel im Zuge kalligraphischer Übungen in Kontakt. Zu älteren Ausführungen der Thematik `Goethe und die Bibel´ vgl. exemplarisch Hermann Henkel, Goethe und die Bibel, Leipzig 1890; Leo Deutschländer, Goethe und das alte Testament, FfM 1923, und Gertrud Janzer, Goethe und die Bibel, Leipzig 1929.

[70] „Goethe war aufgewachsen in einer bürgerlich religiösen Familie, in voller Kenntnis dessen, worauf der christliche Glaube beruht. Wer heute das Vaterunser, die Zehn Gebote, das Bekenntnis... und einige Lieder anstandslos aufsagen, auch über die Bücher des alten und neuen Testamentes und etwas Kirchengeschichte Auskunft zu geben vermag, glaubt wohlunterrichtet zu sein. Das war damals anders... Man war bei uns in der Bibel in einer Weise belesen und über das Unterscheidende der Konfessionen und Sekten bis in Feinheiten hinein geschult, die jetzt nur dem studierten Theologen geläufig sind. (...) Goethe war durch sein Verhältnis zu der Herrnhuterin Fräulein von Klettenberg schon als Kind in diese Dinge eingeweiht worden" (Hermann Grimm, Goethe – 25 Vorlesungen, gehalten an der Königlichen Universität Berlin im Wintersemester 1874/75, 2 Bde., Winterbach 1989, hier Bd. 1, 227f.). Susanne von Klettenberg (1723-1774) hatte Mutter und Schwester Goethes in die Gesellschaft der Frankfurter Pietisten, eine dem Herrnhuter Pietismus nahestehende Gesellschaft, eingeführt, der sie selbst seit 1747 angehörte. Sie war die Ursache dafür, dass sich dieser in pietistische Schriften versenkte und 1769 sogar an der Herrnhuter Synode in Marienborn teilnahm, vgl. dazu Rüdiger Safranski, Goethe. Kunstwerk des Lebens. Biographie, München 2013, 71f. Und: „Lese- und Schreibübungen machten mit christlichem Glaubens- und Gedankengut vertraut, das für Kinder damals zu einem so selbstverständlichen Besitz wurde, daß zeitlebens daraus zitiert und darauf angespielt werden konnte" (Karl Otto Conrady, Goethe, a. a. O., 28; vgl. dazu auch K. O. Conrady, Goethe, a. a. O., 77.). Auf Einladung seiner Mutter - vom Vater geduldet - fanden im Hause Goethe am Hirschgraben Zusammenkünfte der Herrnhuter statt. Klettenbergs Bekenntnisse findet man im 6. Buch von `Wilhelm Meisters Lehrjahre´ wieder, vgl. Goethe, Dichtung und Wahrheit, in:

fentliche staatliche Schule besuchte[71], erhielt auf Initiative seines Vaters, die Begabung seines Sohnes früh erkennend, im Alter von sieben Jahren Privatunterricht in Latein und von neun Jahren in Griechisch.[72] Ab 1762 bekam er zudem Privatstunden in Hebräisch, damals zu den obligatorischen Sprachen gehörend, und zwar bei einem Freund seines Vaters, dem Rektor des Frankfurter Barfüßer-Gymnasiums, Johann Georg Albrecht[73]. So konnte er bereits als Jugendlicher unter Anleitung die fünf Bücher Mose auf Hebräisch lesen.[74] Später, er hatte Kontakt mit einem der bedeutendsten Alttesta-

---

ders., HA 9, Autobiographische Schriften I, II, 8, 338f. Es gibt Vermutungen, dass die Ablehnung von Goethes Dissertation, in der er dogmatisch-theologische Lehren und die Kirche als Institution hinterfragte, auch im Zusammenhang mit dem Pietismus seiner Jugend gestanden haben könnte, vgl. Peter Landau, Goethes verlorene juristische Dissertation und ihre Quellen. Versuch einer Rekonstruktion (Bayerische Akademie der Wissenschaften; Philosophisch-Historische Klasse, Sitzungsberichte, Jg. 2007, H. 2), München 2007, 20. Mit der Zeit entfernte sich Goethe vom Pietismus seiner Kindheit und Jugend mit seiner verinnerlichten Gefühlsfrömmigkeit, doch nach der Lektüre von Karl August Varnhagen von Enses Zinzendorf-Biographie erinnerte sich der 81jährige gerne an seine pietistische Phase zurück.

[71] Das lag u. a. an der dürftigen Qualität der Primarschulen. Zu Goethes Bezugspersonen wurden so überwiegend Erwachsene. Zu seinen Altersgenossen hatte Goethe, wie er in `Dichtung und Wahrheit´ schreibt, keinen guten Kontakt. Sie empfanden ihn als altklug, zu gespreizt und zu kühl, vgl. Nicholas Boyle, Goethe. Der Dichter in seiner Zeit, Bd. I, a. a. O., 75f.

[72] Goethes Latein- und Griechischlehrer war Johann Jacob Gottlieb Scherbius (1728-1804), ein deutscher Schulleiter mit türkischem Migrationshintergrund, der als Hauslehrer die Kinder Johann Wolfgang und seine Schwester Cornelia für 50 Kreutzer monatlich (!) drei Jahre lang unterrichtete.

[73] Der Pädagoge Johann Georg Albrecht (1694-1770), ein vielseitig gebildetes `Frankfurter Original´, wurde später von Goethe in `Dichtung und Wahrheit´ charakterisiert als „Äsop mit Chorrock und Perükke" (Goethe, Dichtung und Wahrheit, in: ders., HA 1, 4, 125).

[74] Vgl. dazu weiterführend Hans Rechenmacher, Goethes Mosebild, in: MThZ 56 (2005), 318-326.

mentler seiner Zeit, Johann Gottfried Eichhorn[75], sprach er von „seiner Verzauberung durch das Alte Testament"[76]. Die Experten sind sich darin einig, dass der kritisch-rationalistische Aufklärer Albrecht mit dem jungen Goethe auch viele Gespräche über den Glauben führte und sich den kritischen Anfragen des Heranwachsenden im Blick auf unwahrscheinliche Begebenheiten, Ungereimtheiten und Diskrepanzen des Alten Testaments stellte, die „aus dem lebhaft gefühlten Widerspruch zwischen Glauben und Vernunft herrührten."[77] Albrecht machte Goethe auf eine damals neue englische Bibelübersetzung aufmerksam, durch die der fragende Schüler den Auslegungsstreit kennenlernte, wozu auch

---

[75] Der Orientalist und Historiker Johann Gottfried Eichhorn (1752-1827) zählt zu den supranaturalistischen Rationalisten der `Goethezeit´.

[76] Rüdiger Safranskis Einschätzung, dass Gott in diesen „Erzählungen wie eine Romanfigur" leben würde, kann ich nicht teilen: „Das sind ganz einfach schöne Geschichten. (...) Das ist Hingabe an eine Märchenwelt" (Rüdiger Safranski, Goethe, a. a. O., 62f.). Safranski stellt die Vätergeschichten als Teil der jüdischen Religion einer `allgemeinen, natürlichen Religion´ gegenüber, die dem jungen Goethe vermittelt wurde „und die wohl auch die Religion des Vaters war. Sie besteht in der `Überzeugung, daß ein großes, hervorbringendes, ordnendes und leitendes Wesen sich gleichsam hinter der Natur verberge´, und er setzt die Bemerkung hinzu: `eine solche Überzeugung dringt sich einem Jeden auf´" (Rüdiger Safranski, Goethe, a. a. O., 63). Vgl. dazu ausführlicher als hier möglich, allerdings mit anderer Blickrichtung, Wolfgang Vögele, Lebenskunst, Gretchenfrage und ewiger Tee. Bemerkungen zu Rüdiger Safranskis Goethe-Biographie: https://theomag.de/88/wv09.htm (aufgerufen am 17. April 2018).

[77] Karl Otto Conrady, Goethe, a. a. O., 31. Schon Baruch Spinoza (1632-1677) hatte erkannt, dass es im Pentateuch Anteile gab, die augenscheinlich postmosaisch waren. Der niederländische Philosoph sephardisch-portugiesischer Herkunft, der dem Rationalismus zugeordnet wird, gilt als Begründer der modernen Bibel- und Religionskritik. Karl David Ilgen (1763-1834) gilt als Begründer der modernen Pentateuchkritik.

die Kenntnis der Argumente für und gegen den dogmatischen Wahrheitsanspruch der Bibel gehörte. Entscheidend war wie für viele andere Zeitgenossen auch für den jungen Goethe die Erschütterung tradierter Glaubenswahrheiten durch das schwere Erdbeben von Lissabon 1755. Dieses Ereignis zog existentiale Fragen nach sich, vor allem die, warum Gott, wenn er denn allmächtig war, solches Leid in der Welt zulassen konnte (`Theodizeefrage´).[78] Zeit seines Lebens dachte Goethe an dieses Ereignis zurück. „Wenn nicht alles täuscht, war es spätestens seit dieser Zeit mit der Sicherheit im Glauben der Väter und der Amtskirche bei Goethe dahin."[79] In seiner Autobiographie `Dichtung und Wahrheit´[80] – sie ist übrigens die erste moderne Autobiographie in deutscher Sprache – schildert Goethe retrospektiv an mehreren Stellen seine damalige Gottesverehrung. Er hält fest, dass er in jungen Jahren dem mit der Natur in unmittelbarer Ver-

---

[78] Goethe war sechs Jahre alt, als das schwere Erdbeben am 1.11.1755 über Lissabon hereinbrach und in der Stadt ein Chaos auslöste. Schätzungen zufolge starb ca. ein Viertel der Einwohner Lissabons. Das schreckliche Naturgeschehen, durch das unterschiedslos Schuldige und Unschuldige, Böse und Gute, Kinder und Erwachsene getötet wurden, brachte die optimistische Sicht von dieser Welt als der Besten aller Möglichen und den bis dato unangezweifelten Glauben an die Güte, Gerechtigkeit und Menschenliebe Gottes ins Wanken. Darüber schrieb Goethe retrospektiv in seiner Autobiografie, vgl. Goethe, Dichtung und Wahrheit, in: ders., HA 9, Autobiographische Schriften I, I, 1, 29ff.
[79] Karl Otto Conrady, Goethe, a. a. O., 31.
[80] Vgl. Goethe, Dichtung und Wahrheit, in: ders., HA 9, Autobiographische Schriften I, 7-598, und ders., HA 10, Autobiographische Schriften II, 7-187. Der erste Teil erschien 1811.

bindung stehenden Gott keine Gestalt verleihen konnte.[81] Fraglos setzte er die Existenz von dem, was über uns ist, voraus, schwieg aber darüber. In Stille wollte er dem Mysterium begegnen.[82] In Goethes Werk spiegeln sich die religiösen Umbrüche und die kulturellen Strömungen seiner Zeit am Übergang vom 18. zum 19. Jahrhundert wider. In sich vereinte Goethe die beiden großen Strömungen des deutschen Protestantismus, den Pietismus und den Rationalismus.

Da Geld für Goethe bereits als Kind und auch in seinem späteren Leben keine große Rolle spielte, weil er stets genügend davon hatte,[83] besaß er ne-

---

[81] Goethe vermeidet grundsätzlich weitgehend das Wort `Gott´: Er verwendet stattdessen gerne Umschreibungen wie z. B. `das Unendliche´, `das Ungeheure´, `das ewig Wirkende´, `der Weltgeist´, `die Weltseele´ oder `das unbekannte höhere Wesen´. Für Goethe ist Gott eine ihn voranbringende Kraft, in der Welt und nicht transzendent seiend. Goethes Religiosität ist klar auf das Diesseits bezogen und humanistisch geprägt. Gegenüber Eckermann klagte er einmal: „Die Leute traktieren den göttlichen Namen, als wäre das unbegreifliche, gar nicht auszudenkende höchste Wesen nicht viel mehr als ihresgleichen. Sie würden sonst nicht sagen: der Herr Gott, der liebe Gott, der gute Gott. Er wird ihnen, besonders den Geistlichen, die ihn täglich im Munde führen, zu einer Phrase, zu einem bloßen Namen, wobei sie gar nichts denken. Wären sie aber durchdrungen von seiner Größe, sie würden verstummen und ihn vor Verehrung nicht nennen mögen" (Goethe, Gespräche mit Eckermann, Gespräch v. 31. Dezember 1823, in: ders., MA 19, 486).

[82] In Aufnahme von Gedanken Jesu aus der Bergpredigt (Mt 6, 6). Goethes Freund, der Arzt und Naturforscher Carl Gustav Carus (1789-1869), schrieb rückblickend über ein Wort Goethes im Zusammenhang eines religiösspekulativen Diskurses, an dem sich Goethe beteiligt hatte: `Es ist unrecht, daß ich mich über diese Dinge hier so ausspreche, darüber spreche ich eigentlich nur mit Gott´ (C. G. Carus an Johann Gottlob Regis, 1791-1854, 11. Mai 1832, in: Goethes Gespräche, hg. v. Wolfgang Herwig, a. a. O., 5, 73).

[83] Als Leipziger Student von 1765-68 erhielt Goethe von seinem Vater 1200 Gulden (= 1000 Taler) jährlich und gehörte damit zu den zwei (!) Prozent der Bevölkerung in Deutschland, die damals so viel Geld zur Verfügung hatten.

ben vielen anderen damals in der Regel kostspieli-
gen Büchern – bereits sein Vater nannte eine um-
fangreiche Bibliothek mit theologischen, philosophi-
schen und pädagogischen Werken sein eigen, auf
die der Sohn zurückgreifen konnte[84] und die Vermutungen zufolge auch durch diese teilweise ange-

---

Bei Dienstantritt als `Geheimder Legations-Rat´ verdiente er 1200 Taler jähr-
lich, als Minister dann 3100 Taler und gehörte damit zu den Spitzenverdienern
in Weimar. Für Bücherhonorare kamen von 1795-1832 insgesamt 130839
Taler aus Goethes Verlagshaus Cotta hinzu. Zum Vergleich: Friedrich Schiller
(1759-1805) verdiente als `Regiments-Medicus´ in Stuttgart 18 Gulden monat-
lich und ab 1799 als Weimarer Hofrat vierhundert Taler jährlich, ab 1804
waren es achthundert Taler; das Salär seines Dieners Georg Gottfried Ru-
dolph (1778-1840) betrug von 1797-1805 vierzig Taler jährlich. Immanuel Kant
(1724-1804) erhielt als Schlossbibliothekar 62 Taler und später als Philosophieprofessor 700 Taler jährlich. Ein kurmärkischer Dorfschullehrer bekam
120 Taler jährlich. Vgl. dazu Karl Otto Conrady, Goethe, a. a. O., 13, 45+627,
der Umrechnungsversuche in gegenwärtige Währung und Kaufkraft erwähnt
(554), und Bruno Preisendörfer, Als Deutschland noch nicht Deutschland war.
Reise in die Goethezeit, Berlin 2015, Köln 2017, a. a. O., 490ff. Gero von
Wilpert zufolge verdiente Goethe – geschätzt – mit seiner literarischen Pro-
duktion insgesamt ca. 140000 Taler, das sind umgerechnet ca. 5 Millionen
Euro, vgl. Gero von Wilpert, Goethe: Die 101 wichtigsten Fragen, a. a. O.,
106. Goethe, der Sohn eines wohlhabenden Kaufmanns, Leser nationalöko-
nomischer Fachliteratur und später langjähriger Finanzminister Sachsen-
Weimar-Eisenachs, „... kannte sich in ökonomisch-finanziellen Sphären glänzend aus" (Jochen Hörisch, Man muss dran glauben. Die Theologie der Märkte, München 2013, 95) und wusste, worum es ging, wenn er über Ökonomie
sprach, vgl. Hans Christoph Binswanger, Geld und Magie, a. a. O., 136. 1805
hatte Goethes Haus sechs Angestellte (einen Kutscher, einen Laufburschen,
zwei Köchinnen, ein Hausmädchen, einen Bedienten und ab 1807 noch ein
Garderobemädchen), mit denen er allerdings viel Ärger hatte. Zur Wirtschaft
im Spiegel von Goethes Dichtung, vgl. Hans Christoph Binswanger, Die Glaubensgemeinschaft der Ökonomen, München 1998, 2011,73-102. Der Schwei-
zer Wirtschaftswissenschaftler Hans Christoph Binswanger (1929-2018) lehrte
von 1969 bis 1994 als Professor für Volkswirtschaftslehre an der Universität
St. Gallen. Die Arbeits- und Forschungsschwerpunkte des Geld- und Wachs-
tumskritikers waren u. a. die Umwelt- und Ressourcenökonomie und die
Geldtheorie.
[84] Vgl. Peter Landau, Goethes verlorene juristische Dissertation und ihre
Quellen, a. a. O., 5. Landau spricht von 1700 Bänden, die Goethes Vater
besessen hatte und die nach seinem Tod von dessen Frau versteigert wurden.

schafft worden sein dürften[85] –, auch zahlreiche Bibelübersetzungen, Handkommentare, Wörterbücher, Lexika, eine Hebraica und nachweislich eine `Biblia sacra vulgatae editionis. Lugduni 1613´ und eine `Biblia, nach der dt. Übersetzung Martin Luthers. Basel 1772´, die in seinem Arbeitszimmer als unverzichtbares Handwerkszeug parat standen.[86] Schon erste schriftstellerische Versuche des Dichters, der mit seinen `Leiden des jungen Werther´[87] 1774 das Lebensgefühl einer ganzen Generation in Europa getroffen hatte und dadurch über Nacht zu einer europäischen Berühmtheit geworden war, hatten biblische Themen zum Gegenstand.[88] Zwar hat

---

[85] Vgl. Karl Otto Conrady, Goethe, a. a. O., 35.

[86] Man weiß das auch, weil der Bestand von Goethes Bibliothek erhalten ist, vgl. Hans Ruppert, Goethes Bibliothek, Weimar 1958, 384-402.

[87] Goethes `Leiden des jungen Werther(s)´ löste eine Folge von Suiziden unter jungen Leuten aus. Goethe hatte mit seinem Bestseller den Lebensüberdruss und Lebensekel einer ganzen Generation getroffen, vgl. dazu die sehenswerte Verfilmung von Philipp Stölzl, Goethe!, Senator Film 2010. Dadurch gewissermaßen über Nacht berühmt geworden, zog Goethe die Kritik der katholischen Kirche auf sich, die ihm vorwarf, Selbstmord zu verherrlichen („Kein Geistlicher hat ihn begleitet", lautete der letzte Satz des Buches). Die Leipziger Theologische Fakultät wollte das Buch gar unter dem Vorwurf der Apologie des Suizids auf den Index setzen lassen! Der Text befindet sich in Johann Wolfgang von Goethe Werke, HA 6, Romane und Novellen I, 7-124.

[88] So schrieb Goethe an seine Schwester Cornelia v. 12.-14.10.1767. Er hat diese Versuche nach eigenem Bekunden dem Feuer übergeben. Nachweislich hat bereits der junge Goethe biblische Stoffe bearbeitet, wie z. B. das älteste Goethesche Gedicht, 1762 entworfen und 1765 gedruckt, zeigt, vgl. Goethe, `Poetische Gedanken über die Höllenfahrt Christi´, in: ders., HA 1, Gedichte und Epen I, 9-13. Eine `Josef-Dichtung´ gilt als verloren, vgl. Ernst Cassirer, Der junge Goethe I: Vierte Vorlesung: Elternhaus und Kindheit, in: ders., Nachgelassene Manuskripte, a. a. O., 54. Auch in seiner Dissertation mit dem Titel `De Legislatoribus´, die einst vom Dekan der juristischen Fakultät abgelehnt worden war und heute als verschollen gilt, wurden kirchliche Fragestellungen behandelt, wobei es um die Spannungen zwischen

Goethe, wie bereits erwähnt, seine religiösen Anschauungen nie systematisch dargelegt; aber mas-
senhaft lassen sich in seinem gesamtem Werk
Querverweise und Allusionen auf die Bibel[89], aufs
Alte und aufs Neue Testament[90] finden, wobei er
sich in beidem sehr gut auskannte. Er ging mit dem
biblischen Material frei um[91], gestaltete, veränderte
und variierte es und jonglierte mit dem jeweiligen
Stoff.[92] Unverkennbar besteht zwischen Goethes

Kirche und Staat ging: Für Goethe hatte der Staat als Gesetzgeber die Pflicht,
einen Kultus festzusetzen. Elias Stöber (1719-1778), Theologieprofessor in
Straßburg, schrieb – was heute eine gewisse Heiterkeit nach sich zieht – an
den Geheimen Hofrat Friedrich Dominikus Ring (1726-1809): „Der Herr Goethe hat eine Rolle hier gespielt, die ihn als einen überwitzigen Halbgelehrten
und als einen wahnsinnigen Religions-Verächter nicht eben nur verdächtig,
sondern ziemlich bekannt gemacht. Er muß, wie man fast durchgängig von
ihm glaubt, in seinem Obergebäude einen Sparren zu viel oder zu wenig
haben. Um davon augenscheinlich überzeugt zu werden, darf man nur seine
vorgehabte Inaugural-Dissertation de Legislatoribus lesen…" (E. Stöber an F.
D. Ring v. 4./5. Juli 1772, in: Goethes Gespräche, hg. v. Wolfgang Herwig, a.
a. O., 1, 51).
[89] Vgl. den weiterführenden Artikel von Maik Gerhards (geb. 1970) zum Interesse Goethes an Bibel, Bibelwissenschaft und Goethes religiösen Auffassun-
gen: http://www.bibelwissenschaft.de/wibilex/das-
bibellexikon/lexikon/sachwort/anzeigen/details/goethe-johann-
wolfgang/ch/8ba3ac93908743dbb30dfa1131f7e407/ (aufgerufen am 23. Juli
2018).
[90] Vgl. schon Rudolf Herrmann, Die Bedeutung der Bibel in Goethes Briefen
an Zelter, Berlin 1948, und jüngst Hans Hübner, Goethes Faust und das neue
Testament, Göttingen 2003.
[91] So Goethe gegenüber Kanzler von Müller: „Hat man doch… aus der Bibel…
Denksprüche auf fast alle Ereignisse" (Kanzler von Müller, 14. Februar 1824,
in: Goethes Gespräche, hg. v. Wolfgang Herwig, a. a. O., 3. 1, 655).
[92] Günter Niggl hat herausgefunden, dass Goethe zum einen einzelne Wörter,
Wendungen oder Bilder bestimmter Bibelstellen, zum anderen – seltener –
ganze Begebenheiten, Szenen und Geschichten aus der Bibel unverändert
oder abgewandelt übernahm. Als Beispiel dafür führt Niggl den `Prolog im
Himmel´ (in Anlehnung an die Anfangsszene des Buches Hiob), die Erzählung
`Sankt Joseph der Zweite´ (nach Mt 1-2 und Lk 1-2) und `Novelle´ (nach Dan
6, 16-23) an, vgl. Günter Niggl, Die biblische Welt in Goethes Dichtung, in:

Werk und seiner Bibelrezeption eine Beziehung, die sowohl für dessen Interpretation als auch für sein Verständnis von Dichtung bedeutsam ist – trotz seiner kritischen Haltung der verfassten Kirche gegenüber: Goethe las die Bibel weder orthodox-biblizistisch noch war er an einer historisch-kritischen Lesart interessiert; er las sie vielmehr „mit den Augen des Dichters und Künstlers"[93]. Trotz seiner persönlichen Distanz im Blick auf ein traditionelles Gemeindeleben[94] nahm er teil am theologischen Diskurs seiner Zeit.[95]

Die Beschäftigung mit der Bibel zog sich durch das gesamte Leben Goethes.[96] Sein Weggefährte Jo-

---

ders., Studien zur Literatur der Goethezeit, Berlin 2001, 180-200. Insgesamt gibt es fast 200 Passagen im `Faust´, zu denen biblische Parallelen bestehen. Die Schlussszene von Fausts Tod beispielsweise wurde inspiriert von den biblischen und talmudischen Berichten vom Tod des Mose.

[93] Ernst Cassirer, Goethe und die Bibel, in: ders., Nachgelassene Manuskripte, a. a. O., 344-347, Zitat auf 346.

[94] In einem Brief von Johann Georg Christian Kestner, den Goethe in Wetzlar kennengelernt hatte, an A. v. Hennings aus dem Jahr 1772 heißt es: Goethe „geht nicht in die Kirche, auch nicht zum Abendmahl, betet auch selten. Denn, sagt er, ich bin dazu nicht genug Lügner" (Johann Wolfgang Goethe, Leben und Welt in Briefen. Zusammengestellt von Friedhelm Kemp, München-Wien 1978, 1996, 57).

[95] U. a. durch die fiktionalen Abhandlungen `Brief des Pastors zu *** an den neuen Pastor zu ***´, in: Goethe, HA 12, 228-239, und `Zwo wichtige bisher unerörterte biblische Fragen´, die 1773 erschienen. In dem „Brief des Pastors zu***" teilt Goethe seine Gedanken zu den theologischen Strömungen des 18. Jahrhunderts mit und erläutert sein Verhältnis zur Kirche. Mit Gottfried Arnold, einem Kirchenkritiker, vertritt er die These, dass das Christentum sich immer mehr von seinem geistig-geistlichen Ursprung entfernt habe und dadurch verfälscht worden sei.

[96] Jochen Hörisch macht darauf aufmerksam, dass der 16jährige Goethe im Spätsommer 1765 beim Verlassen Frankfurts auf Bitten seiner Mutter, in einer eigentümlichen imitatio Christi seinen Tod stilisierend, ins Gästebuch schrieb: „Das ist mein Leib, nehmt hin und esset,/Das ist mein Blut, nehmt hin und

hann Peter Eckermann[97], im Unterschied zu seinen
wechselnden Dienern[98] einer seiner engsten Ver-

---

trinkt./Auf daß ihr meiner nicht vergesset,/Auf daß nicht euer Glaube sinkt./Bei
diesem Wein, bei diesem Brot/Erinnert euch an meinen Tod. Zum Zeichen der
Hochachtung und Ehrfurcht/setzte dieses seiner geliebten Mutter J. W. Goethe./Ffurt de. 30. Sept. 1765" (Jochen Hörisch, Brot und Wein [es 1692], FfM
1992, 144-167, Zitat auf 144, und Foto des handschriftlichen Eintrags auf
150f.). Vgl. weiter Frank Zipfel, „Ich hätte Euch einen ganz anderen Moses
machen wollen" – Überlegungen zu Goethes Moses-Bild in *Israel in der Wüste*, in: Johannes Anderegg/Edith Anna Kunz (Hg.), Goethe und die Bibel, a. a.
O., 185-215, bes. 188. Zipfel arbeitet heraus, dass Goethes Mosesbild und
sein Faust „dem gleichen Typus des zuweilen gewaltsamen, kompromißlosen,
aber gerechten Tatmenschen, der nach Großem strebt, aber an der eigenen
Unfähigkeit scheitert oder zu scheitern droht, ... entsprechen" (Frank Zipfel,
Moses-Bild [in Aufnahme von Gedanken K. Burdachs, Faust und Moses aus
dem Jahre 1912], in: Johannes Anderegg/Edith Anna Kunz (Hg.), Goethe und
die Bibel, a. a. O., 211). Genauer hat Johannes Anderegg die Rolle des Mephisto – Goethes Alter Ego – untersucht, der selbst die Bibel zitiert, persifliert,
konterkariert und verfremdet. Er hat alt- und neutestamentliche Querverweise
ausgemacht, u. a. aus dem Buch Kohelet, Hiob, Jesaja (Jes 8) und Deutero-
nomium (Dtn 33, 27), wobei Mephisto als Gegenfigur zum Satan in Hiob kom-
poniert ist, vgl. Johannes Anderegg, Mephisto und die Bibel, in: Johannes
Anderegg/Edith Anna Kunz (Hg.), Goethe und die Bibel, a. a. O., 317-339,
bes. 319. Vgl. weiter Luz-María Linder, Goethes Bibelrezeption. Hermeneutische Reflexion, fiktionale Darstellung, historisch-kritische Bearbeitung, FfM u.
a. 1998, und Reiner Strunk, Die Beugung der Wahrheit. Beobachtungen zu
Mephistos Bibelgebrauch, in: DtPfrBl 10/2015, 574-575. Jochen Hörisch zufolge leitet sich übrigens der Begriff `Mephistopheles´ aus dem Jiddischen
`tofel´ = `Besudler´ ab, vgl. Jochen Hörisch, Die verschwundenen Dinge – Die
Tinte, das Tintenfaß, der Tintenklecks, in: ders., Gott, Geld, Medien, a. a. O.,
143-146, bes. 143.

[97] Dr. Johann Peter Eckermann (1792-1854), von 1823-1832 Goethes philo-
sophischer und editorischer Assistent sowie der Protokollant seiner Gespräche, wurde als Sohn eines Hausierers geboren. Nachdem Goethe ihn kennengelernt hatte, unterstützte er ihn, u. a. bei seiner Promotion und durch die
Vermittlung einer Stelle als Lehrer des Erbprinzen und späteren Großherzogs
von Weimar-Sachsen-Eisenach, Carl Alexander (1818-1901). Auch über
seinen Tod hinaus setzte sich Goethe für seinen Mitarbeiter, indem er ihn
zum Hauptherausgeber seines literarischen Nachlasses einsetzte. Eckermann
starb krank und vereinsamt in Weimar, wo sich in unmittelbarer Nähe der
letzten Ruhestätte Goethes auf dem Historischen Friedhof sein Grab befindet.
Zu Goethe und seinem Eckermann vgl. spottend Heinrich Heine, Reisebilder
II, in: ders., Sämtliche Werke, Bd. 2, a. a. O., 238.

[98] Bedienstete gehörten in der großbürgerlichen Gesellschaft der Zeit Goethes, nicht zuletzt aus Prestigegründen, mit dazu. Man konnte sie sich leisten,

trauten, berichtete noch über den alten Goethe von dessen zahlreichen Äußerungen, die Kirchengeschichte im Allgemeinen und die aktuellen kirchenpolitischen Bezüge seiner Zeit im Besonderen betreffend.[99] Goethe neigte zur Säkularisierung der Bibel und verwendete säkularisierend biblische Zitate und Inhalte.[100] In diesem Gebrauch der Heiligen Schrift war Goethe, beeinflusst von rationalistischer

---

weil Arbeit damals billig war. Im Verlauf seines Lebens standen zehn Diener in Goethes Diensten, die sein Vertrauen genossen und die er alle meistens mit `Carl´ ansprach. Er verlangte von ihnen, diskret und fleißig zu sein und ihre Pflicht zu erfüllen, vgl. dazu ausführlich Gero von Wilpert, Goethe-Lexikon, Stuttgart 1998.

[99] Vgl. z. B. Goethe, Gespräche mit Eckermann, Gespräch am 11. April 1827, in: ders., MA 19, 221f., wo der alte Goethe sich dahingehend äußert, er habe „seit funfzig (sic) Jahren die Kirchengeschichte studiert".

[100] Wie eigenwillig Goethe mit biblischen Themen umging – etwa, indem er abweichend vom Pentateuch Israels Wanderung durch die Wüste von 40 Jahren auf 2 Jahre reduzierte – hat Frank Zipfel überzeugend herausgearbeitet, vgl. Frank Zipfel, Moses-Bild, in: Johannes Anderegg/Edith Anna Kunz (Hg.), Goethe und die Bibel, a. a. O., 202. Vgl. weiterführend Günter Niggl, Biblische Welt in Goethes Dichtung, in: Literatur und Religion, hg. v. Helmut Koopmann und Winfried Woesler, Freiburg-Basel-Wien 1984, 131-149. Vgl. dazu auch Goethes Romane `Wilhelm Meisters Lehrjahre´ (Goethe, HA 7, Romane und Novellen II, 9-610) und `Wilhelm Meisters Wanderjahre´ (Goethe, HA 8, Romane und Novellen III, 7-486). Jane K. Brown hat herausgearbeitet, dass Goethe in seinen Werken auch Motive aus der Malerei und der Kunst aufnahm, die die Bibel enttextualisieren halfen und dadurch daran Teil hatten, sie als Heilige Schrift zu entschleiern, vgl. Jane K. Brown, Im Anfang war das Bild: Wilhelm Meister und die Bibel, in: Johannes Anderegg/Edith Anna Kunz (Hg.), Goethe und die Bibel, a. a. O., 241-259. Vgl. ferner Markus Zenker, Bergpredigt, `Weltfrömmigkeit´ und natürliche Theodizee in Goethes Roman *Wilhelm Meisters Lehrjahre oder die Entsagenden*, in: Johannes Anderegg/Edith Anna Kunz (Hg.), Goethe und die Bibel, a. a. O., 261-277; Hans Rudolf Vaget, Katzengold: Kunst und Religion in *Wilhelm Meisters Wanderjahren*, in: Johannes Anderegg/Edith Anna Kunz (Hg.), Goethe und die Bibel, a. a. O., 179-294; sowie Jochen Hörisch, Gott, Geld und Glück. Zur Logik der Liebe (es 1180), FfM 1983, [2]2015, 30-99.

Bibelkritik und pietistischer Erbauungsliteratur[101], ein Kind seiner Zeit, der Aufklärung. Als Angehöriger einer Epoche, die einerseits durch Vielseitigkeit im Blick auf die Rede von Gott, der Welt und den Menschen gekennzeichnet war und die andererseits viele Neuerungen noch vor sich hatte – der Blitzableiter war noch nicht erfunden, eine Ananas kostete so viel wie ein Reitpferd und die Antarktis war völlig unbekannt –, versicherten sich seine Zeitgenossen und er der alten Autoritäten und brachen dennoch zu neuen Ufern auf.[102] Neben der ganzen Rationalität und der existentialen Bestimmung durch die Vernunft war der Hesse – für einige „ein großes Genie, aber ein furchtbarer Mensch"[103], für andere ein „außerordentliches Wesen"[104] – Zeit seines Le-

---

[101] Willy Schottroff, Goethe als Bibelwissenschaftler, in: Allerhand Goethe. Seine wissenschaftliche Sendung aus Anlaß des 150. Todestages und des 50. Namenstages der Johann Wolfgang Goethe-Universität Frankfurt am Main, hg. v. D. Kimpel und J. Pompetzki, FfM 1985, 111-137. Noch im Zusammenhang seiner italienischen Reise, hervorgerufen durch eine Schaffenskrise, bediente sich Goethe des Vokabulars aus pietistischen Zeiten, indem er von `Wiedergeburt´ und `neuem Leben´ sprach, vgl. dazu Karl Otto Conrady, Goethe, a. a. O., 413. Ein literarisches Denkmal setzte Goethe dem Pietismus mit seinen `Bekenntnissen einer schönen Seele´ im sechsten Buch seines `Wilhelm Meisters Lehrjahre´, indem er die Erzählung nach dem Muster der pietistischen Erkenntnisliteratur gestaltete, vgl. Goethe, Wilhelm Meisters Lehrjahre, in: ders., HA 7, Romane und Novellen II, Bekenntnisse einer schönen Seele, 358-420.
[102] Vgl. Gerhard Sauder, Der junge Goethe und das religiöse Denken des 18. Jahrhunderts, in: Goethe-Jahrbuch 112 (1995), 97-110.
[103] J. G. v. Zimmermann an Charlotte v. Stein v. 19. Januar 1775, in: Goethes Gespräche, hg. v. Wolfgang Herwig, a. a. O., 1, 130.
[104] Herzogin Luise von Sachsen-Weimar (1757-1830), Gattin von Carl August (1757-1828), an J. C. Lavater (1741-1801), in: Wilhelm Bode (Hg.), Goethe in vertraulichen Briefen seiner Zeitgenossen in 3 Bänden, Berlin-Weimar 1979, 1, 341.

bens nach eigenen Aussagen[105] und nach Aussagen von Zeitgenossen[106] ein heiterer Mensch. Deshalb gehört zu dem ihm eigenen Humor[107], dem Humor des Satirikers[108], dass er sich sarkastisch und ironisch zum Christentum äußerte und auch mit Kritik an seiner evangelischen Kirche[109] nicht sparte.

Geistesgeschichtlich fallen in die Zeit Goethes neben Pietismus, Rokoko und Aufklärung die Bewegung des Sturm und Drang, des Idealismus und der

---

[105] „Ich bin so guter Dinge,/So heiter und rein,/Und wenn ich einen Fehler beginge,/Könnt´s keiner sein" (Ich bin so guter Dinge. Goethe für Kinder, ausgewählt von Peter Härtling, illustriert von Hans Traxler, FfM und Leipzig 1998, 90).

[106] So berichtet Eckermann. „Heiter ist aber auch in Goethes eigener Sprache… ein Lieblingswort, ja bei ihm wirklich ein Schlüsselwort seines literarischen Werkes" (Harald Weinrich, Kleine Literaturgeschichte der Heiterkeit, München 2001, 10). Vgl. weiterführend Anja Höfer, „Heiterkeit auf dunklem Grund". Zu einem zentralen Begriff in Goethes Kunstanschauung, in: Petra Kiedaisch/Jochen A. Bär (Hg.), Heiterkeit. Konzepte in Literatur und Geistesgeschichte, München 1997, 85-110; Anja Höfer, Heiterkeit auf dunklem Grund. Zu Goethes Kunstanschauung, in: Detlev Schöttker (Hg.), Philosophie der Freude. Von Freud bis Sloterdijk, Leipzig 2003, 129-152.

[107] Zur Frage, ob Goethe Humor hatte, vgl. die Ausführungen von Ursula Hohmann: http://www.ursulahomann.de/HatteGoetheHumor/komplett.html (aufgerufen am 29. September 2017). Ihr zufolge begleitete der Humor Goethe zeitlebens und brach immer wieder hervor. Heinrich Heine schreibt: „Goethe hat nie die Wahrheit verschwiegen, sondern, wo er sie nicht nackt zeigen durfte, hat er sie in Humor und Ironie gekleidet" (Heinrich Heine, Die romantische Schule, in: ders., Sämtliche Werke in drei Bänden, Bd. 3., a. a. O., 60).

[108] Vgl. Johann Wolfgang von Goethe, Hanswursts Hochzeit oder Der Lauf der Welt, in: Goethe, Erotische Gedichte. Gedichte, Skizzen und Fragmente, hg. von Andreas Ammer, FfM 1991, 15-35.

[109] „Juden und Heiden hinaus! so duldet der christliche Schwärmer./Christ und Heide verflucht! Murmelt ein jüdischer Bart./Mit den Christen an Spieß und mit den Juden ins Feuer!/Singet ein türkisches Kind Christen und Juden zum Spott./Welcher ist der klügste? Entscheide! Aber sind diese Narren in deinem Palast, Gottheit, so geh ich vorbei" („Ich bin nun, wie ich bin". Goethe zum Vergnügen. Mit 25 Abbildungen, hg. v. Volker Ladenthin, Stuttgart 1999,70).

Romantik[110] und historisch die Französische Revolution sowie der Materialismus der aufstrebenden Naturwissenschaften mit seinem Fortschrittsglauben – es ist der Vorabend der Industriellen Revolution und des Eisenbahnzeitalters.[111] Heroisiert wurden die Gegenwart und die Physik mit ihren vielfältigen Möglichkeiten – alles, was jenseits davon lag, erachtete man, da durch die Vernunft nicht verifizierbar, als obsolet. Die Aufklärung wandte dabei „ihre kritischen Instrumente auch gegen die autoritativen Systeme par excellence, gegen die Religion, die Kirche und die Bibel"[112] an. Goethe nahm die Bibelkritik der Aufklärer auf. Diese hatten es sich u. a. zur Aufgabe gemacht, nachzuweisen, dass die Bibel

---

[110] Goethe mochte die Romantiker mit ihren national-patriotischen Tendenzen, ihrem Rückgriff auf mittelalterliche Kunst und Literatur, ihrer Betonung des Fantastischen und ihrem mystischen Katholizismus nicht: „Klassisch ist das Gesunde, romantisch das Kranke", hielt er in einem Gespräch mit Eckermann fest (Goethe, Maximen und Reflexionen, Nr. 863, in: ders., HA 12, Schriften zur Kunst und Literatur, 487). Als guter Einstieg ins Thema empfiehlt sich GEO Epoche. Das Magazin für Geschichte Nr. 37: Die deutsche Romantik. Traum und Schwärmerei, Fürstenmacht und Freiheitskampf: Das Werden einer Nation 1789-1848, Hamburg 2009, bes. 6f.+132-139.

[111] Vgl. dazu weiterführend den bereits erwähnten SPIEGEL-Bestseller von Bruno Preisendörfer, Als Deutschland noch nicht Deutschland war, a. a. O., in dem viele Aspekte eines Lebens zur Zeit Goethes beleuchtet werden. Verwiesen sei an dieser Stelle auf die Homepage des Autors: http://www.fackelkopf.de/ (aufgerufen am 4. Januar 2018). Einen guten Eindruck von der besonderen Stimmung in jener Zeit anhand der Personen Alexander von Humboldt (1769-1859) und Carl Friedrich Gauß (1777-1855) vermittelt der Roman von Daniel Kehlmann, Die Vermessung der Welt, Reinbek bei Hamburg 2005, 2008, [44]2017. Die Klassik-Satire des damals 30jährigen Autors (geb. 1975), in mehr als 40 Sprachen übersetzt, zählt zu den erfolgreichsten Romanen der deutschen Nachkriegsliteratur. Sie wurde als Historienepos von Detlev Buck (geb. 1962) verfilmt.

[112] Gerhard Sauder, Aufklärerische Bibelkritik und Bibelrezeption in Goethes Werk, in: Goethe-Jahrbuch 118 (2001), 108-125, Zitat auf 118.

ihre Gestalt nicht unmittelbar von Gott, sondern durch Menschenhand erhalten hatte, und zwar in einem langen und differenzierten Traditionsprozess, an dem unterschiedliche Autoren und Redaktoren beteiligt gewesen waren.[113] In Goethes Textualitätsbegriff kam in Anschluss an sie ein Gegenentwurf zur dogmatischen Bibelrezeption zum Ausdruck: „Goethes Bibellektüre zielt von ihren Anfängen an darauf, die von der christlichen Kirche als Buch der Bücher kanonisierte Bibel weder im Sinne des sola scriptura-Prinzips noch auch in dem der Verbalinspirationslehre, sondern vielmehr als Text der Texturen zu begreifen, als ein poetisches und poetologisches Grundlagenwerk zu den Möglichkeiten und Grenzen schöpferischer Aneignung und Fortschreibung historiographischer und mythologischer Narrative."[114] Einige Forscher, namentlich Johann David Michaelis[115], Johann August Er-

---

[113] „Man hatte nämlich bisher auf Treu und Glauben angenommen, daß dieses Buch der Bücher in Einem Geist verfaßt, ja daß es von dem göttlichen Geiste eingehaucht und gleichsam diktiert sei. Doch waren schon längst von Gläubigen und Ungläubigen die Ungleichheiten der verschiedenen Theile desselben bald gezeigt, bald verteidigt worden" (FA I, 14, 300).

[114] Ulrike Landfester, Buch der Bücher, Text der Texturen. Goethes bibelphilologischer Kulturbegriff, in: Johannes Anderegg/Edith Anna Kunz (Hg.), Goethe und die Bibel, a. a. O., 217-240, Zitat auf 221f. Ulrike Landfester zieht hier Querverweise zu Goethes Kulturverständnis, demzufolge Kultur nicht aus autoritativen Texten entsteht, sondern eine flexible Textur ist.

[115] Johann David Michaelis (1717-1791), aus einer pietistischen Familie stammend, war ein promovierter deutscher Aufklärungstheologe und Orientalist zur Zeit der Aufklärung. Der Göttinger Professor gilt als einer der Vorläufer der empirischen Sozialforschung. Er ist der Vater der unkonventionellen Schriftstellerin, Übersetzerin und Muse der Frühromantik, Caroline Schelling (1763-1809), verw. Böhmer, gesch. Schlegel, verh. Schelling, die mit Goethe

nesti[116], Gotthold Ephraim Lessing[117], Johann Salomo Semler[118] und vor allem Herder hatten die Bibel nicht primär als historiographische Schrift verstanden, „sondern als Sammlung historisch verwurzelter, in ihrer textuellen Materialität aber genuin poetischer Schriften."[119] Goethe schloss sich ihnen in dieser Auffassung an – in Halle hatte er zudem 1795 die Bekanntschaft des Altphilologen Friedrich August Wolf[120] gemacht, der bewiesen hatte, dass

---

eine besondere Beziehung verband, vgl. dazu ausführlich Sigrid Damm, Caroline Schlegel-Schelling, FfM-Leipzig 2009.

[116] Johann August Ernesti (1707-1781) war ein deutscher evangelischer Philologe und Pädagoge. Der promovierte Theologe arbeitete als Rektor der Thomasschule in Leipzig.

[117] Der Dramatiker und Literaturkritiker Gotthold Ephraim Lessing (1729-1781), einer der bedeutendsten Dichter der Aufklärung, der auf ein am Geist der Religion orientiertes `Christentum der Vernunft´ setzte, war vor allem dem Humanismus und dem Toleranzgedanken der Aufklärung verpflichtet. Sein 1779 erschienenes und 1783 uraufgeführtes dramatisches Gedicht `Nathan der Weise´ mit seiner `Ringparabel´, mit dem Lessing seinem jüdischen Freund, dem Berliner Aufklärer Moses Mendelssohn (1729-1786) ein literarisches Denkmal setzte, zählt noch heute (2018) zur Pflichtlektüre in den Gymnasien, seine Dramen werden seit der Aufklärung ununterbrochen an den Theatern gespielt.

[118] Der Aufklärungstheologe Johann Salomo Semler (1725-1791), aufgewachsen in einer ostdeutschen pietistischen Familie, gilt als Mitbegründer der historisch-kritischen Bibelwissenschaft. Er betonte den historischen Entstehungsprozess der Bibel und wies u. a. wegen der Fehlerhaftigkeit, Widersprüche und Zusätze in den biblischen Texten das orthodoxe Schriftprinzip der Verbalinspiration zurück. Er unterschied zwischen einer privaten und öffentlichen Religion, wobei er erstere als dogmenfreie, gefühlsbetonte, innerliche Religion des mündigen Individuums, die keiner Konfession bedürfe, betrachtete und die zweite als notwendige kirchliche Form erachtete, die sich an Dogmen und Bekenntnisse hielt.

[119] Ulrike Landfester, Buch der Bücher, in: Johannes Anderegg/Edith Anna Kunz (Hg.), Goethe und die Bibel, a. a. O., 223.

[120] Der deutsche Philologe und Altertumswissenschaftler Friedrich August Christian Wilhelm Wolf (1759-1824), Sohn eines Kantors, wurde nach Jahren als Schulleiter in Osterode auf eine Professur in Halle berufen, zunächst für

die Epen Homers und die Bibel verschiedene Bearbeitungsschichten aufwiesen, von unterschiedlichen Autoren stammten und über einen längeren Zeitraum verfasst worden waren. Von der frommen Julie von Egloffstein[121] gefragt, ob er denn auch zuweilen in der Bibel lese, antwortete Goethe lächelnd: „`Oh ja, meine Tochter, aber anders als ihr!´"[122]

Die Sprache Martin Luthers im Werk Goethes, der am 300. Reformationsjubiläum im Jahre 1817 in Thüringen persönlich teilgenommen hatte, ist augenfällig.[123] Kein Wunder: Denn der Meister ver-

---

Philologie und Pädagogik, dann für Philologie und Eloquenz. 1805 wurde ihm der Titel `Geheimer Rat´ verliehen.

[121] Julie Gräfin Egloffstein (1792-1869), deren Mutter bereits mit Goethe befreundet gewesen war, war Hofdame bei Großherzogin Luise von Hessen-Darmstadt (1757-1830) und eine von Goethe verehrte und geförderte Malerin und Zeichnerin.

[122] Goethe, überliefert vom Schriftsteller und Generalintendanten des Stuttgarter Hoftheaters, Feodor von Wehl (1821-1890), hier zitiert nach Horst Jesse, Erkenntnis des Göttlichen oder Bekenntnis zu Jesus Christus, a. a. O., 551-553. Ähnliches findet sich auch im 11. Kapitel von `Wilhelm Meisters Wanderjahre´, wo Goethe sich als Christ bekennt: „An dieser Religion halten wir fest, aber auf eine eigene Weise" http://www.zeno.org/Literatur/M/Goethe,+Johann+Wolfgang/Romane/Wilhelm+Meisters+Wanderjahre/Drittes+Buch/Eilftes+Kapitel" (aufgerufen am 5. Februar 2018).

[123] Vgl. Friedrich Schorlemmer, Luther. Leben und Wirkung, Berlin 2017, 252-254. Schorlemmer interpretierte Goethe dahingehend, dass dieser das Religiöse in die Kindheit verbannt hatte und die Emanzipation des Menschen mit der Emanzipation von einem den Menschen in Abhängigkeit haltenden Gott verband. Er wies darauf hin, dass Goethes `Prometheus´ „in der DDR das atheistische Gedicht par excellence" (254) war. Ich schließe mich in der Interpretation Horst Jesse an, der den `Prometheus´ mit seiner Betonung der Selbstbehauptung des Menschen gegenüber Zeus als Ausdruck der Befreiung „von der pietistischen Anthropologie" (Horst Jesse, Erkenntnis des Göttlichen oder Bekenntnis zu Jesus Christus, a. a. O. 552) sieht. Das berühmte Prometheus-Gedicht befindet sich in: Goethe, HA 1, Gedichte und Epen I, 44-46 und

stand sich in der Nachfolge des großen Reformators[124], liebte dessen deftig-derbe Ausdrucksweise und seine kämpferische Persönlichkeit.[125] Er ließ sich von Idiomen und Sentenzen Luthers animieren, sparte allerdings auch mit Kritik an dem von ihm Verehrten nicht.[126] Grundlegend äußerte sich Goethe am 11. März 1832 im Gespräch mit Eckermann zu Luther: „Wir wissen gar nicht,… was wir Luthern und der Reformation im Allgemeinen Alles zu danken haben. Wir sind frei geworden von den Fesseln geistiger Borniertheit… Wir haben wieder den Mut, mit festen Füßen auf Gottes Erde zu stehen und uns in unserer gottbegabten Menschennatur zu fühlen."[127] Mit Goethes Biographen Karl Otto Conrady[128] ist festzuhalten: „Goethe wurde als Kind ei-

---

das `dramatische Fragment´ in: Goethe, HA 4, Dramatische Dichtungen II, 176-187.

[124] Vgl. Gespräch mit Eckermann vom 2. Mai 1824.

[125] Die deutsche Aufklärung hatte ein anderes Verhältnis zu Luther und der Reformation als die englische und die französische Aufklärung. Sie war nicht durch Hohn und Spott oder von Hass geprägt, sondern von einer Hochachtung gegenüber Luther. Deshalb gelangte „auch Goethe zeitlebens nie zu einem ausgesprochenen und vor allem nicht zu einem gehässigen Contra gegen Luther und die Reformation..." (Erwin Mülhaupt, Goethes Pro und Contra Luther, in: Gemeinschaft Evangelischer Erzieher in Baden [GEE], Beiträge pädagogischer Arbeit, 28. Jg., Halbjahresheft 1984/II, Karlsruhe 1984, 29-42, Zitat auf 29).

[126] Vgl. exemplarisch Goethes Würdigung Luthers in: FA I, 14, 556, und zum ironischen Umgang mit ihm: „Heiliger lieber Luther/Du schabtest die Butter/Deinen Gesellen vom Brod/Das verzeih dir Gott" (Johann Wolfgang von Goethe, Satiren, Farcen und Hanswurstiaden, Stuttgart 1983, 63).

[127] Goethe im Gespräch mit Eckermann v. 11. März 1832, in: ders., MA 19, 695.

[128] Der Goethe-Experte Karl-Otto Conrady (geb. 1926) ist ein Kölner Literaturhistoriker, Schriftsteller, Herausgeber und ehemaliger Kulturpolitiker der SPD.

ner wohlhabenden, im lutherischen Glauben und in den überkommenen reichsstädtischen Ordnungen verwurzelten Familie in eine Welt gültiger und verpflichtender Traditionen hineingeboren. Sie blieben ihm kein gesicherter Besitz, im Gegenteil. Schon in diesen frühen Jahren setzte er den überlieferten Glauben zweifelnden Fragen aus."[129] In Goethes Werk[130] findet man neben der Bibel zahlreiche Bezüge zu weiteren religiösen Themen. Gehen wir ein wenig näher ins Detail.

---

[129] Karl Otto Conrady, Goethe, a. a. O., 38f.
[130] Neben seinem Werk sind von Goethe ca. 14000 Briefe und amtliche Schreiben und an Goethe über 20000 erhalten geblieben. Eine Auswahl davon, in drei Hauptteile gegliedert, findet man in dem bereits erwähnten Buch: Johann Wolfgang Goethe, Leben und Welt in Briefen, München-Wien 1996.

2. Goethe und das Heidentum

Goethe wurde von Zeitgenossen, wie bereits erwähnt, „Nicht-Christ"[131] genannt, er hat sich aber auch einige Male selbst als „Heide"[132] bezeichnet – was meines Erachtens zur Sammlung der typisch ironischen Wortspielereien Goethes gehört. Diese verwendete er u. a. deshalb, um sich gegen die ihn umgebende Frömmelei bzw. gegen die Konversionstendenzen seiner Umwelt zum Katholizismus abzusetzen.[133] Es ist anzunehmen, dass Goethe

---

[131] Zu erwähnen ist beispielsweise der Basler Pfarrer Johannes Lindner (1790-1853), der von dem Dichter als einem „großen, ehrwürdigen dezidierten Nicht-Christen" sprach (in: Goethes Gespräche, hg. von Wolfgang Herwig, a. a. O., hier 3. 2, 654). Nach Meinung von Wilhelm von Humboldt (1767-1835) hatte Goethe eine „eingewurzelte Abneigung gegen das Christentum" (Wilhelm von Humboldt an seine Frau Caroline von Humboldt [1766-1829] v. 30.7.1819, in: Goethes Gespräche, hg. v. Wolfgang Herwig, a. a. O., 3. 1., 126). Dessen Frau Caroline attestierte dem Dichter ihrerseits eine „Entfernung von allen christlichen Ideen" (Caroline von Humboldt an ihren Mann v. 7. August 1819, in: Goethes Gespräche, hg. von Wolfgang Herwig, a. a. O., 3.1, 127).

[132] Das berichten u. a. die Freifrau Luise von Löw und zu Steinfurt (1807-1864) sowie der Buchhändler und Verleger Friedrich Christoph Perthes (1772-1843), in: Goethes Gespräche, hg. v. von Wolfgang Herwig, a. a. O., 3. 2, 532, und 2, 1100. An seine Freundin Charlotte von Stein (1742-1827) hatte er im April 1781 geschrieben: „Sie gehen wohl in die Kirche und sagen Ihrem Haiden vorher ein Wort" (Goethe an Charlotte von Stein, Brief v. 15.4.1781, in: ders., GA 18, 584). Auch Friedrich Heinrich Jacobi (1743-1819) erinnerte sich in einem Konzept für einen Brief an Goethe an dessen `heidnisches Selbstzeugnis´: „... was Du mir öfter, auch zuletzt in Weimar [1805] wiederholtest: es bestehe der große, wesentliche Unterschied zwischen Dir und mir darin, daß ich ein Christ sei, Du aber ein Heide..." (Fr. H. Jacobi an Goethe [Entwurf], November 1815, in: Goethes Gespräche, hg. v. Wolfgang Herwig, a. a. O., 2, 21).

[133] Über diese Konversionsmode schreibt kritisch Heinrich Heine, Die romantische Schule, in: ders., Sämtliche Werke in drei Bänden, Bd. 3., a. a. O., 24 und 45f. Im Blick auf Konversionsgerüchte, die über ihn selbst kursierten, vgl. spöttisch Heinrich Heine, Geständnisse, in: ders., Sämtliche Werke 3, a. a. O., 358-412, bes. 403f., der in diesem Zusammenhang, eingedenk seiner katholi-

sich seiner eigenen religiösen Sozialisation und engen kirchlichen Verortung bewusst gewesen ist. Da
er getauft war, sollte ihm daher auch bewusst gewesen sein, dass er dadurch kein Heide sein konnte. Natürlich kommt das vermeintliche `Heidentum´
Goethes auch deshalb ins Spiel, weil der später den
Freimaurern[134] angehörige Dichter sich als Erwach-

---

schen Lehrer, von einem „frommen Wahn" (404) spricht. Für Heine war bekanntlich „der Taufzettel... das Entreebillet zur europäischen Kultur" (Heine.
Sämtliche Werke in drei Bänden, a. a. O., 895-932, Zitat auf 900).

[134] Nach dem Zeugnis des Weimarer Kammerherrn und `Directeur des plai-
sirs´ Karl Siegmund von Seckendorff (1744-1785) an Goethes Freund und
Vertrauten Karl Ludwig von Knebel (1744-1834) v. 25. Juni 1780, in: Goethes
Gespräche, hg. v. Wolfgang Herwig, a. a. O., 1, 298: „Gestern abend ist Goethe Freimaurer worden..." Die Zugehörigkeit zu jener Bewegung, deren Kom-
ponenten u. a. die freiwillige Selbstverpflichtung zu einer untadeligen Lebensführung, zur Menschen- und Wahrheitsliebe und zur Verbreitung aufkläreri-
schen Gedankenguts sind, aber auch seine Neugier auf die Alchemie und die
Bekämpfung von Aberglauben, Chauvinismus, Intoleranz und Fanatismus
verband Goethe mit anderen klassischen und zeitgenössischen Künstlern und
Intellektuellen wie Wolfgang Amadeus Mozart (1756-1791), Joseph Haydn
(1732-1809), Adelbert von Chamisso (1781-1838), Karl August Varnhagen
von Ense (1785-1858), Friedrich Gottlieb Klopstock (1724-1803) und Matthias
Claudius (1740-1815) oder später Clown Grock (1880-1959), George
Washington (1732-1799), Gustav Stresemann (1878-1929), Winston Churchill
(1874-1965) und Charlie Chaplin (1889-1977). Die Loge `Anna Amalia zu den
drei Rosen´, benannt nach Herzogin Anna Amalia (1739-1807), der Nichte des
Freimaurers Friedrichs des Großen (1712-1786), nahm Goethe, der mit seinem Beitritt vermutlich primär gesellschaftlichen Motiven folgte, auf; sie wurde
geführt vom leitenden Minister der Regierung, Jacob Friedrich Freiherr von
Fritsch (1731-1814). Nachdem die katholische Kirche zunächst ein Verdikt
gegen die Freimaurer ausgesprochen hatte, traten später u. a. auch katholische Geistliche, u. a. der Fürstbischof von Brixen, Leopold Maria Joseph von
Spaur (1747-1778), der Kardinal und Fürstbischof von Straßburg, Louis René
Edouard von Rohan (1779-1801) oder der Erzbischof von Köln, Klemens
August von Bayern (1723-1761), Freimaurerlogen bei. Von Goethe, damals
höchster Regierungsbeamter des Herzogtums, der am 2. März 1782 auf
eigenen Wunsch hin zum Meister erhoben wurde, sind okkultismuskritische
Bemerkungen überliefert: „Die Beschränktheit, worin die Menschen leben, der
Druck, der mehr oder weniger auf ihnen liegt, macht sie alle, wo nicht immer,
doch sehr oft hülfsbedürftig, und da die echten, nächsten, vernünftigen Mittel
der Hülfe oft fehlen, so ist es kein Wunder, daß die Sehnsucht sich nach

sener für Esoterisches und Okkultes interessierte. So tauchen in Goethes Werk immer wieder okkulte[135] Motive auf – wie etwa das Hexenwesen, sprich: Frauen, die aus der Hand lesen, die eine Glaskugel befragen oder aus Spielkarten das Schicksal deuten können. Spuren des Unheimlichen und Gruseligen sind vielerorts in seinem Werk zu finden.[136] Goethe, grundsätzlich für alles offen, interessierte sich auch für Aberglauben, Zauberei und Dämonologie – für alles Okkulte.[137] Belegt war schon das Interesse des Neunzehnjährigen an okkulten Schriften und Praktiken. In seiner Umgebung blühte damals einerseits das Psihafte und Parapsychologische – etwa in den Arbeiten des führenden Spiritisten der Zeit und Goethes Straßburger Studienfreundes, Heinrich Jung-Stilling[138], oder von Jo-

---

fernen, unechten, unvernünftigen Mitteln umsehe" (Goethe, Biographische Betrachtung, BA 17, 303f.). 1815 führte er auch seinen Sohn in die Loge ein. Sie wurde in der Turmgesellschaft des `Wilhelm Meister´ literarisch verewigt. Im Volk werden die Freimaurer bis heute als mysteriöser Geheimbund angesehen.

[135] Die Amerikanerin russisch-deutscher Herkunft, Helena Petrowna Blavatsky (1831-1891), Mitbegründerin der Theosophischen Gesellschaft, löste die bald zunächst in der russischen Bohème populären spiritistischen und okkultistischen Zirkel aus.

[136] Nicht nur im Faust (in dem Vampire, `Lamien´ genannt, auftauchen [Faust II, v7235]), sondern beispielsweise auch im `Erlkönig´ und in `Die Braut von Korinth´.

[137] Vgl. weiterführend Rolf Christian Zimmermann, Das Weltbild des jungen Goethe, 2 Bde., München 1969 und 1979.

[138] Heinrich Jung-Stilling (1740-1817) war ein aus einfachen Verhältnissen stammender deutscher evangelischer Augenarzt, Wirtschaftswissenschaftler und Schriftsteller, der es bis zum Professor in Marburg brachte, wo er ökonomische Wissenschaften lehrte. Goethe hatte der verdienstvolle Arzt, der Erfolge bei der Operation des Grauen Stars feiern konnte, während seines Medi-

hann Caspar Lavater –, anderseits hatten die Aufklärer bekanntlich das Ziel, unklare Dimensionen der Wirklichkeit zu erhellen. Goethe sog die geheimnisumwitterten Strömungen der Zeit geradezu auf: Alchemie und Astrologie wären ergänzend zu nennen.[139]

Zeit seines Lebens interessierte sich Goethe für die Alchemie[140]. In seinem Tagebuch hielt er die Lektüre alchemistischer Literatur fest.[141] Es gibt von Goethe-Forschern die These, dass Goethes `Faust´-

---

zinstudiums in Straßburg kennengelernt; er starb als Großherzoglich Badischer Geheimer Hofrat in Karlsruhe. Sein Sinnspruch war: „Selig sind, die das Heimweh haben, denn sie sollen nach Haus kommen." Er war ein Urahn des deutschen Publizisten Johannes Gross (1932-1999).

[139] Goethe rezipierte etwa Agrippa von Nettesheim (1486-1535) und Paracelsus (1493-1541).

[140] Unter Alchemie versteht man die Lehre von den Eigenschaften der Stoffe und ihren Reaktionen. Man kann sie als die Vorläuferin der modernen Chemie und der Pharmakologie sehen. Alchemisten sind noch heute vielfach in Erinnerung, weil sie versuchten, im Zuge der Transmutation von Metallen auf künstlichem Wege Silber und Gold herzustellen. Als Nebenprodukt dieser alchemistischen Experimente wurde u. a. das Porzellan (`Weißes Gold´) durch Johann Friedrich Böttger (vermutlich 1682-1719) am Hofe Augusts des Starken (1670-1733) erfunden. Böttger rettete dadurch sein Leben, denn oft wurden Alchemisten als Hochstapler hingerichtet, weil ihnen das Goldmachen nicht gelang (wie z. B. Caetano [um 1670-1709] durch den goldgierigen Friedrich I. (1657-1713). Die Nichte des hingerichteten Alchemisten Johann Hektor von Klettenberg (1684-1720), Susanne von Klettenberg, studierte mit ihrem Freund Goethe die Alchemie, denn der Alchemie war von Anfang an auch eine philosophische und psychologische Dimension eigen (weshalb sie später auch für die tiefenpsychologischen Studien des Schweizer Psychotherapeuten Carl-Gustav Jung [1875-1961] interessant wurde). Die Astrologie wurde oft in das Denksystem der Alchemisten mit einbezogen. Als einer der letzten bedeutenden Alchemisten gilt Alexander Freiherr von Bernus (1880-1965), der im Heidelberger Stift Neuburg 1921 ein alchemistisch-spagyrisches Laboratorium gründete, vgl. weiterführend Annelies Stöckinger/Joachim Telle, Die Alchemiebibliothek Alexander von Bernus in der Badischen Landesbibliothek Karlsruhe, Wiesbaden 1977.

[141] Früh beschäftigt sich Goethe mit den Werken des Alchemisten Nicolas Laméry (1645-1715).

Drama – in dem er die beiden Seiten der menschlichen Natur in Form des träumerischen Universalgenies Faust wie des dämonisch-zynischen Mephisto analysiert und das Lebensgefühl Anfang des 19. Jahrhunderts diagnostiziert, das die Spannung zwischen der Erfüllung menschlicher Träume allein im Diesseits und der unauslöschlichen Ahnung eines jenseitigen Sinns beschreibt – mit seinem prototypischen modernen Protagonisten, der rastlos auf der Suche ist und nie ans Ziel gelangt, „ein alchemistisches Drama von Anfang bis Ende"[142] ist: „Der erste Teil des *Faust* handelt von der ersten Aufgabe der neuzeitlichen Alchemie, von der Herstellung des Trinkgolds in der Hexenküche, von der wiedererlangten Jugend und der Manneskraft; es ist das Drama der Liebe. Im zweiten Teil des *Faust* steht die zweite Aufgabe im Vordergrund, die Herstellung des künstlichen Goldes im Sinne des Geldes, die mit der Notengeldschöpfung am Kaiserhof beginnt; es ist das Drama der Wirtschaft."[143] Auch weiteren Grenzgebieten von Medizin und Psychologie stand der Dichter offen gegenüber, wie dem `animalischen Magnetismus als Heilmethode´ des Arztes Karl Ale-

---

[142] Hans Christoph Binswanger, Geld und Magie. Eine ökonomische Deutung von Goethes Faust, Hamburg 2005, 2., vollständig überarbeitete Ausgabe 5. Auflage Hamburg 2014, 17.
[143] Hans Christoph Binswanger, Geld und Magie, ebda. Mephistopheles erscheint darin als moderner Alchemist, der Faust in die Geheimnisse der Alchemie einweiht. Binswanger hält in diesem Kontext die Wirtschaft für eine „Fortsetzung der Alchemie mit anderen Mitteln" (47).

xander Ferdinand Kluge[144] und den Studien von Johann Israel Stieglitz[145] oder dem Pendeln, das ähnlich der Wünschelrute verborgene Informationen freisetzen sollte.[146] Esoterischem Gedankengut war der Dichterfürst also keinesfalls abgeneigt.[147] Darunter fiel auch die Astrologie: Zum einen war schon der junge Goethe daran kritisch-interessiert, zum anderen fühlte sich Goethe zur Astrologie immer wieder auch magisch hingezogen. In seinem Tagebuch verwendete er beispielsweise anstelle von Namen astrologische Zeichen. Auch seine Autobiographie `Dichtung und Wahrheit´ eröffnete er mit seinem Geburtshoroskop[148], was allerdings eher in

---

[144] Dr. med. Karl Alexander Ferdinand Kluge (1782-1844) war ein deutscher Professor für Chirurgie und Geburtshilfe an der Universität Berlin und späterer Geheimer Medicinalrath. Der Freimaurer war der Begründer für venerische Erkrankungen und Direktor der Krätzeabteilung an der Berliner Charité (1822).

[145] Johann Stieglitz (1767-1840), in Göttingen promovierter Mediziner, wirkte als Arzt ab 1789 in Hannover und machte Karriere bis zum Direktor des Obermedizinalkollegiums in Hannover. Der zum lutherischen Glauben konvertierte Jude ist u. a. deswegen von Bedeutung, weil er einst seinen Freund Wilhelm von Humboldt (1767-1835) beim Baden in der Leine vor dem Tod durch Ertrinken errettete.

[146] Für übertrieben halte ich den Satz: „Mehr als von der abstrakten christlichen Lehre fühlte Goethe sich von Werken angesprochen, die sich mit der Schöpfung selber befaßten und ihre Geheimnisse offenlegten." Er findet sich im Kapitel `Pietismus und Alchemie´ in: Goethes Leben in Bilddokumenten, hg. von Jörn Göres, Augsburg 1999, 38.

[147] Heute stehen für die Esoterik ganz unterschiedliche Namen wie Fritjof Capra (geb. 1939) und Thorwald Dethlefsen (geb. 1946).

[148] Dort heißt es: „Am 28. August 1749, mittags mit dem Glockenschlage zwölf, kam ich in Frankfurt am Main auf die Welt. Die Konstellation war glücklich; die Sonne stand im Zeichen der Jungfrau, und kulminierte für den Tag; Jupiter und Venus blickten sie freundlich an, Merkur nicht widerwärtig; Saturn und Mars verhielten sich gleichgültig; nur der Mond, der soeben voll ward, übte die Kraft seines Gegenscheins um so mehr, als zugleich seine Planetenstunde eingetreten war. Er widersetzte sich daher meiner Geburt, die nicht

die Rubrik ʻIronieʼ fallen dürfte. Eingedenk dessen, dass es die starke Trennung, die sich heute zwischen Astronomie und Astrologie eingebürgert hat, zur Zeit Goethes in der Form nicht gegeben hat, befasste sich Goethe gerne mit der Astrologie: „Mittags Horoskope"[149], heißt es im Tagebuch von 1811. Jene Lehre, der zufolge die Sterne Einfluss auf das Schicksal der Menschen haben – als bekannte okkulte Disziplin heute durch die Boulevard-Blätter vielleicht populärer denn je –, fand Goethe also zeitlebens interessant. Der späte Goethe verwarf jedoch sowohl den Einfluss der Planeten als auch des Mondes, sogar im Blick auf die Meteorologie, und kritisierte die „astrologischen Grillen" derer, die annahmen, es regierte „der Gestirne Himmel die Schicksale der Menschen"[150]. Schon früher hatte er in einem anderen Zusammenhang vom „astrologische(n) Aberglaube(n)"[151] gesprochen. Goethe dazu selbst: „Wer die Sterne fragt, was er tun soll, ist gewiß nicht klar über das, was zu tun ist."[152] Außerdem trugen Goethes bahnbrechende Entdeckungen, wie die des Zwischenkieferknochens (ʻos

---

eher erfolgen konnte, als bis diese Stunde vorübergegangen" (Goethe, Dichtung und Wahrheit, in: ders., HA 9, Autobiographische Schriften I, I, 1, 10).

[149] Eintrag vom 30. September 1811.

[150] Goethe, Versuch einer Witterungslehre, in: ders., FA I, 25, 276.

[151] Goethe, Die Piccolomini – Wallensteins Erster Teil. Ein Schauspiel in fünf Aufzügen von Schiller. Aufgeführt zum ersten Mal Weimar am 30. Januar 1799, als am Geburtstage der regierenden Herzogin, Werke BA 17, 45.

[152] Goethe, Die Piccolomini, a. a. O., Werke BA 17, 60.

intermaxillare´)[153] beim Menschen am 27. März 1784, durch die er die Verwandtschaft von Mensch und Affen bekräftigt sah, wodurch die Vorherrschaft des Menschen als `Krone von Gottes Schöpfung´ stark hinterfragt wurde[154], sowie seine Gedanken zur Farbenlehre[155] mit dazu bei, dass er unter den Gelehrten seiner Zeit zum Ketzer[156] abgestempelt wurde: „Vieles kann ich ertragen. Die meisten beschwerlichen Dinge / Duld ich mit ruhigem Mut, wie es ein Gott mir gebeut. / Wenige sind mir jedoch wie Gift und Schlange zuwider; / Viere: Rauch des Tabaks, Wanzen und Knoblauch und +"[157] – So klan-

---

[153] Vgl. dazu Goethe, HA 13, Naturwissenschaftliche Schriften I, 184-196.

[154] Dies erinnert einen stark an Charles Darwin (1809-1882), der ebenfalls verteufelt wurde, obwohl er Zeit seines Lebens Mitglied der anglikanischen Kirche war und in Westminster Abbey bestattet wurde, vgl. Günter Altner, Charles Darwin und die Dynamik der Schöpfung, Gütersloh 2003, bes. 6-36. Noch heute machen die Kreationisten gegen Darwin Front und leugnen Darwins Lehre mit biblizistischen Argumentationsmustern. Zur weiteren Orientierung von Darwins Lehre vgl. Jürgen Neffe, Darwin. Das Abenteuer des Lebens, München 2008, 11-24. Goethe war nach seiner bahnbrechenden Entdeckung von osteologischen Studien so gefesselt, dass er seine Forschungen auf die Frage ausdehnte, was es mit dem Horn des Rhinozeros auf sich habe. Er ließ sich außerdem einen Elefantenschädel zu Studienzwecken schicken, den er vor seinen unmittelbaren Mitmenschen versteckte, um nicht für `toll´ gehalten zu werden.

[155] Ausgehend von der Erkenntnistheorie Immanuel Kants (1724-1804) entwickelte Goethe ein Modell zur Wahrnehmung der Spektralfarben, vgl. dazu Goethe, Zur Farbenlehre, in: ders., HA 13, Naturwissenschaftliche Schriften I, 314-536, sowie ders., Geschichte der Farbenlehre, in: ders., HA 14, Naturwissenschaftliche Schriften II, Materialien, Register, 7-341.

[156] „Es geht mir mit meiner Farbenlehre... gerade wie mit der christlichen Religion. Man glaubt eine Weile treue Schüler zu haben, und ehe man es versieht, weichen sie ab und bilden eine Sekte..." (Goethe, Gespräche mit Eckermann, Gespräch am 19. Februar 1829, in: ders., MA 19, 296).

[157] Goethe, Venetianisches Epigramm 66, in: ders., BA 1, 235. In den `Venitianischen Epigrammen´ gibt es so manche Invektive gegen christliche Glaubensinhalte. Goethes weithin kontextgebundene Äußerungen sollten aber

gen Goethes berühmte Verse, die mit dazu beitrugen, das Bild eines Nicht- bzw. Antichristen zu verfestigen. Gegenüber Kanzler von Müller[158] hielt Goethe allerdings daran fest, ein Christ zu sein, „wie Christus ihn haben wollte", obgleich alle Welt ihn für einen „Heiden" nahm.[159] Zeitgenossen berichteten über Goethe: „Man darf in seiner Gegenwart keine Maxime aussprechen, die irgend einer seiner christlich moralischen Ansichten zuwiderlautet oder sie gar aufhebt; sonst wird er still, wortkarg, oder wendet sich, jedoch ohne Streit und Widerspruch, aus dem Gespräche."[160]

---

nicht verabsolutiert und als seine einzige Äußerung zum christlichen Glauben interpretiert werden. Differenziert werden sollte, ob die Abwehr Goethes dem Christlichen als solchem galt oder den Praktiken eines Zeitgenossen. Goethe erwähnt hier auch das Rauchen, dem er ebenso abgeneigt war. Sein Freund hingegen, der studierte Arzt Schiller, war ein begeisterter Tabakraucher und -schnupfer. Er liebte Wein, Likör und Rum sowie Kaffee und und er schnüffelte Ethylen (die berühmte Schreibtischschublade mit fauligen Äpfeln, die den Dichter, Sohn eines Pomologen, anregten, hingegen Goethe, der nach Auskunft seines Arztes `eingeschlossene Zimmerluft´ bevorzugte, abschreckten), ein noch heute zum Düngen in der industriellen Landwirtschaft verwendetes Phytohormon, um sich zu stimulieren; ferner experimentierte Schiller mit Opiaten, an die er als Arzt leicht herankam, vgl. dazu Gero von Wilpert, Schiller: Die 101 wichtigsten Fragen, a. a. O., 37, und: Vom Schreiben 3. Stimulantien oder Wie sich zum Schreiben bringen?, bearbeitet von Petra Plättner, Marbacher Magazin 72/1995, 15-20. Frei erfunden ist, dass Goethe und Schiller wie später Walter Benjamin und Ernst Bloch mit Marihuana experimentierten, vgl. weiterführend Alexander Kupfer, Göttliche Gifte. Kleine Kulturgeschichte des Rausches seit dem Garten Eden, Berlin 2002, 11.
[158] Dem Staatskanzler des Großherzogtums Sachsen-Weimar-Eisenach, Friedrich Theodor Adam Heinrich von Müller (1779-1849), einem engen Freund Goethes, gelang es, in der napoleonischen Zeit die Unabhängigkeit der Stadt Weimar zu gewährleisten.
[159] Kanzler von Müller v. 7. April 1830, in: Goethes Gespräche, hg. v. Wolfgang Herwig, a. a. O., 3. 2, 604.
[160] Johann Daniel Falk, Goethe aus näherm persönlichen Umgang dargestellt, in: Goethes Gespräche, hg. v. Wolfgang Herwig, a. a. O., 2, 582.

3. Goethe und die Antike

Goethe, der fließend Latein lesen und sprechen konnte und im Griechischen mehr als nur bewandert war, hatte eine besondere Affinität zur klassischen griechischen und römischen Antike, die er unhinterfragt als Norm anerkannte.[161] Diese Sympathie mit den Griechen und Römern verband ihn mit Herder und Wieland. Allerdings war sie für den alten Goethe nicht mehr so dominant wie für den jungen.[162] Die Antike hatte dem jungen Goethe eine geistige Heimat geboten; die christliche Tradition als prägender Faktor stach beim jungen Goethe nicht sonderlich hervor, vielmehr war der Widerspruch zwischen Antike und Christentum evident und Goethes angebliches Heidentum ist vermutlich auf dem Hintergrund seiner Sympathien für die Griechen und Römer besser zu verstehen. Die antike Götterwelt wurde ihm zum Motiv zahlreicher Gedichte. Goethe identifizierte sich so sehr mit der Antike, dass der scharfzüngige Heinrich Heine in einer Mischung aus Schwärmerei und Spott schrieb: „In der Tat, die

---

[161] Dafür stehen Größen wie Homer (genaue Lebensdaten unbekannt), Pindar (ca. 522-ca.443 v. Chr.), Aristophanes (ca. 446-ca.386 v. Chr.), Plautus (ca. 254-184 v. Chr.), Chrysipp (281/76-208/4 v. Chr.), Justinian (482-565 n. Chr.), Juvenal (1./2. Jahrhundert, genaue Lebensdaten unbekannt) u. a., die Goethe in seinem Tagebuch erwähnt.
[162] Goethe zu Eckermann: „Die römische Geschichte... ist für uns eigentlich nicht mehr an der Zeit" (Goethe, Gespräche mit Eckermann, Gespräch am 24. November 1824, in: ders., MA 19, 113).

Übereinstimmung der Persönlichkeit mit dem Genius, wie man sie bei außerordentlichen Menschen verlangt, fand man ganz bei Goethe. Seine äußere Erscheinung war eben so bedeutsam wie das Wort, das in seinen Schriften lebte; auch seine Gestalt war harmonisch, klar, freudig, edel, gemessen, und man konnte griechische Kunst an ihm studieren, wie an einer Antike. Dieser würdevolle Leib war nie gekrümmt von christlicher Wurmdemut; die Züge dieses Antlitzes waren nicht verzerrt von christlicher Zerknirschung; diese Augen waren nicht christlich-sünderhaft scheu, nicht andächtelnd und himmelnd, nicht flimmernd bewegt; - nein, seine Augen waren ruhig wie die eines Gottes. Es ist nämlich überhaupt das Kennzeichen der Götter, daß ihr Blick fest ist, und ihre Augen nicht unsicher hin und her zucken. (...) Ich war nahe daran, ihn griechisch anzureden..."[163]

In der spätabsolutistisch-höfischen Welt von Weimar, die zugleich der Beginn eines unruhigen Lebens mit vielen gesellschaftlichen Verpflichtungen war, wandte sich Goethe von der religiösen Gefühlswelt seiner Jugend ab. Weimar, Haupt und Residenzstadt des Herzogtums Sachsen-Weimar-Eisenach, war damals eine Kleinstadt mit circa 6000

---

[163] Heinrich Heine, Die romantische Schule, in: ders., Sämtliche Werke in drei Bänden, Bd. 3, a. a. O., 42.

Einwohnern.[164] Durch das Engagement der kunstin-
teressierten Anna Amalia, Herzogin von Sachsen-
Weimar-Eisenach, entwickelte sich der Ort bald zu
einer literarischen Hochburg und einem Treffpunkt
von Künstlern und Intellektuellen – schließlich, dank
Wieland, Goethe, Schiller, Herder und vielen anderen zur geistigen Hauptstadt Deutschlands. Goethe
kam am 7. November 1775 in Weimar an. Im Laufe
der Zeit, u. a. durch großzügige Schenkungen seines Freundes Carl August, wie z. B. das Gartenhaus im Ilmpark, das wie Goethes anderes Haus
heute besichtigt werden kann, fühlte er sich in Weimar bald ganz wie zu Hause.

Hatte er in seiner Lebensmitte die größte Distanz
zur christlichen Religion gehabt, so war besonders
der späte Goethe in der Lage, Antike und Christentum gut miteinander zu verbinden. Zu keinem Zeitpunkt hat Goethe allerdings das Christentum ganz
über Bord geworfen. Im Gegenteil: Goethes Anten-
ne für das Christentum schlug sich auch in seiner
Sammelleidenschaft nieder: Im Laufe seines Lebens hortete er eine Menge von Exponaten mit biblischen und christlichen Motiven. Goethe war davon
überzeugt, dass sich Gott auch und vor allem in der
Kunst verberge und offenbare. Dezidiert christliche
Kunst fand er aber unerträglich und gegen die popu-

---

[164] Vgl. weiterführend GEO Epoche Nr. 79: Deutschland um 1800, a. a. O.,
100-115, wo es um Weimar als Kapitale der Kunst geht.

läre zeitgenössische Kunst der Bewegung der Nazarener[165] hegte er geradezu eine körperliche Abscheu. In seinem gewaltigen Nachlass fanden sich Tausende von Kupferstichen, Zeichnungen mit biblischen Motiven, darunter von `Loths Flucht aus dem brennenden Sodom`, `Rebekka am Brunnen´, `Moses´, `Esther und Ahasverus´, `Die Beweinung Christi´, `Petrus und Thaddäus´, `Katharina von Bora´, und vieles mehr.[166]

---

[165] Die Nazarener, so die Bezeichnung für die romantisch-religiöse Kunstrichtung (nach ital. `alla nazarena´ für die Bezeichnung der Haartracht, bei der das Haar lang, in der Mitte gescheitelt und der Bart ungekämmt getragen wurde), die in Rom und in Wien entstanden war und die deutsche Malerei aus dem religiösen Geist im 19. Jahrhunderts erneuern wollte, standen mehrheitlich dem Katholizismus nahe. Goethe verwendete diesen Begriff in seiner Korrespondenz mit seinem kunstbeflissenen Zürcher Freund Johann Heinrich Meyer (1760-1832, bekannt als Kunschtmeyer oder Goethemeyer) und dem Bildhauer, Maler und Kunstsammler Johann Martin Wagner (1777-1858). Bedeutende Vertreter der Nazarener waren u. a. Friedrich Overbeck (1789-1869), Peter von Cornelius (1783-1867) und Julius Schnorr von Carolsfeld (1794-1872). Zu Goethes Ablehnung der Nazarener vgl. Goethe, Gespräche mit Eckermann, Gespräch am 4. Januar 1827, in: ders., MA 19, 179.
[166] Mit Goethes zeichnerischem und malerischem Werk beschäftigen sich Günther Bergmann, Goethe. Der Zeichner und Maler, unter Mitarbeit von Jessica Berndt, München 1999; Petra Maisak, Goethe und Tischbein in Rom. Bilder und Texte (Insel-Bücherei Nr. 1251), FfM 2004; dies., Johann Wolfgang Goethe. Zeichnungen, Stuttgart 1996; dies. (Hgin.), Arkadien. Landschaft vergänglichen Glücks, FfM 1992; Jochen Klauß, Goethes Deutschland, München 1998; Sabine Schulze (Hgin.), Goethe und die Kunst, Ostfildern 1994.

4. Goethe und der Katholizismus

Wegen seiner besonderen Affinität zur Antike interessierte sich der Dichterfürst logischerweise auch für eine besondere Erscheinungsform des christlichen Glaubens: den Katholizismus.[167] Auf seiner zweijährigen Italienreise 1786 lernte Goethe dessen Vielfalt kennen – mit all seinen Ritualen, seiner Marienfrömmigkeit und seinem Wunderglauben.[168] Obwohl er in seinem `Pastor***´ gegenüber der katholischen Sakramentenlehre Achtung zeigte und auch das Sinnliche am Katholizismus durchaus schätzte, fand er den barock-überladenen Katholizismus Italiens geschmacklos und an der Grenze

---

[167] Die deutsche Schriftstellerin und Romantikerin Bettina von Arnim (1785-1859), die seit 1806 mit Goethes Mutter befreundet war, Goethe verehrte und Spekulationen zufolge Ludwig van Beethovens (1770-1827) `unsterbliche Geliebte´ gewesen sein könnte, berichtet von einer Madonnendarstellung im Hause Goethe, in: Goethes Gespräche, hg. v. Wolfgang Herwig, a. a. O., 5, 221. Der geadelte `Wirkliche Geheime Rat´ Goethe hatte sich bekanntlich auf seiner italienischen Reise von September 1786 bis Mai 1788 zehn Jahre jünger gemacht; außerdem war er inkognito gereist, nämlich als Maler Johann Philipp Möller, vgl. Roberto Zapperi, Das Inkognito, München 1999. Er hatte sich unter den römischen Künstlern wie ein Fisch im Wasser bewegt: Er hatte bei dem ihm zuvor bekannten Maler Johann Heinrich Wilhelm Tischbein (1751-1829) am Corso, unweit der Porta del Popolo, zusammen mit zwei weiteren deutschen Malern gewohnt. Von Tischbein stammt heute eines der berühmtesten Goethe-Gemälde, das diesen in der römischen Campagna zeigt und zum Sinnbild der Sehnsucht nach `Arkadien´ wurde. Vgl. dazu Goethe, Italienische Reise. Auch ich in Arkadien!, in: ders., HA 11, Autobiographische Schriften III, 7-349. Goethes Tagebücher waren die Basis für jenes Buch. Zu Goethes ausgedehnter Reisetätigkeit – insgesamt legte er ca. 40.000 km auf 43 größeren und 140 kleineren Reisen zurück und verbrachte so insgesamt 14 (!) Jahre unterwegs –, vgl. Gero von Wilbert, Goethe: Die 101 wichtigsten Fragen, a. a. O, 117.
[168] Vgl. Rüdiger Safranski, Goethe, a. a. O., 66.

zum Aberglauben und übte daran auch deutlich Kritik.[169] Aus seiner Abneigung gegenüber dem Petersdom machte er keinen Hehl. Zwar bewunderte er die Werke von Michelangelo[170] und Raffael[171] unter ästhetischen Kriterien, ignorierte aber völlig ihre religiöse Verortung. In Rom erlebte Goethe Papst Pius VI.[172] in einem Gottesdienst zu Allerheiligen am 1. November 1786. Er schrieb: „Mich ergreift ein wunderbar Verlangen, das Oberhaupt der Kirche möge den goldenen Mund auftun und, von

---

[169] Allerdings hatte er die Kaiserkrönung 1764 im Frankfurter Römer noch als beeindruckende religiöse Feier wahrgenommen. 42 Jahre nach seiner Italienreise schrieb er, dass Rom für ihn Babel sei, das „mit Christus nichts zu tun" habe.

[170] Michelangelo Buonarroti (1475-1564), italienischer Maler, Bildhauer, Baumeister und Dichter, zählt zu den bedeutendsten Künstlern der italienischen Hochrenaissance. Seine `Pietà´ im Vatikan und sein `David´ in Florenz sowie seine Decken- und Wandmalereien, zu deren berühmteste die Sixtinische Kapelle zählt (`Das Jüngste Gericht´, die `Erschaffung Adams´), setzten Maßstäbe und beeinflussten die Kunstgeschichte. Michelangelos Grab befindet sich in der Kirche Santa Croce in Florenz.

[171] Raffaelo Sanzio da Urbino (1483-1520), italienischer Maler und Architekt, zählt wie Michelangelo zu den bedeutendsten Künstlern der italienischen Hochrenaissance. Raffael, der schon zu Lebzeiten nur unter seinem Vornamen bekannt war, wurde Bauleiter des Petersdoms. Sein Selbstbildnis befindet sich in seinem berühmten Gemälde `Die Schule von Athen´ (1510/1511) in den Stanzen des Vatikans. Sein letztes Meisterwerk war die `Verklärung Christi´ (1520). Raffael starb im Alter von 37 Jahren und wurde im Pantheon in Rom bestattet.

[172] Pius VI. (bürgerlich Giovanni Angelo Graf Braschi, 1717-1799), dessen Pontifikat von 1775-1799 dauerte, war bekannt für seinen Nepotismus. Er lehnte die 1789 von der französischen Nationalversammlung verkündeten `Erklärung der Menschen- und Bürgerrechte´ (`Déclaration des Droits de l` Homme et du Citoyen´), einer der Grundlagentexte von Freiheit und Demokratie, entschieden ab und kämpfte später gegen Napoleon, der den Schwerkranken gefangen nahm und nach Frankreich verschleppte, wo er starb, vgl. dazu weiterführend Claus Bachmann, Novalis´ Heimweh nach Rom. Über ein romantisches Stück protestantischer Theologie, in: DtPfrBl 8/2012, 437-441.

dem unaussprechlichen Heil der seligen Seelen mit Entzücken sprechend, uns in Entzücken versetzen. Da ich ihn aber vor dem Altare sich nur hin und her bewegen sah, bald nach dieser bald nach jener Seite sich wendend, sich wie ein gemeiner Pfaffe gebährend und murmelnd, da regte sich die protestantische Erbsünde, und mir wollte das bekannte und gewohnte Meßopfer hier keineswegs gefallen. Hat doch Christus schon als Knabe durch mündliche Auslegung der Schrift und in seinem Jünglingsleben gewiß nicht schweigend gelehrt und gewirkt, denn er sprach gern, geistreich und gut, wie es die Evangelien wissen. Was würde der sagen, dacht ich, wenn er hereinträte und sein Ebenbild auf Erden summend und hin und wider wankend anträfe?"[173] Goethe verglich den Gottesdienst mit dem Theater: „Vom Theater und den kirchlichen Zeremonien bin ich gleich übel erbaut, die Schauspieler geben sich viel Mühe und Freude, die Pfaffen um Andacht zu erregen und beide wirken nur auf eine Klasse, zu der ich nicht gehöre, beide Künste sind in ein seelenloses Gepränge ausgeartet. Auf alle Fälle ist der Papst der beste Schauspieler, der hier seine Person produziert."[174] So kann man sagen, dass der Protestant Goethe zwar den Primat des Papstes sowie

---

[173] Goethe, Italienische Reise. Auch ich in Arkadien!, in: ders., HA 11, Autobiographische Schriften III, 127.
[174] Goethe an Herzog Carl August vom 3. Februar 1787, HAB 2, 48.

den katholischen Ritus und die katholische Kirche[175] kritisierte, nicht aber das Christentum oder die Institution Kirche an sich.[176] Konvertiten gegenüber – damals kam der Übertritt zum Katholizismus unter den Intellektuellen, unter ihnen auch einige Freunde und Bekannte Goethes wie beispielsweise Friedrich Müller[177], Sophie von Bernstorff[178] und Clemens Brentano[179], nicht selten vor – äußerte sich Goethe einerseits respektvoll[180], andererseits bezeichnete er sie auch als `Verschnittene´ und `Kastraten´.[181]

---

[175] Rom war für Goethe die „Babylon´sche Hur", der Papst der „Antichrist" – so in seinem Gedicht zur Konversion von Zacharias Werner, v. 6. 2. 1814, BA 2, 418. Andererseits fühlte sich Goethe beim Anblick der Heiligen Stadt `wiedergeboren´, vgl. Karl Otto Conrady, Goethe, a. a. O., 431.

[176] Ganz ähnlich kritisierte Goethe auch den protestantischen Gottesdienst, der ihm zu wenig Fülle und Konsequenz hatte, um die Gemeinde zusammenzuhalten, zu wenig Sakramente hatte und zu wenig sinnlich war, vgl. Jochen Hörisch, Brot und Wein, a. a. O., 152f.

[177] Der deutsche Maler und Kupferstecher Friedrich Müller (genannt Maler Müller, 1749-1825) wird dem `Sturm und Drang´ zugerechnet und arbeitete wie Goethe, mit dem er zeitweise befreundet war, am `Faust´-Thema. Mit Ende Zwanzig war er nach Rom gezogen. Dort schlug er sich als Journalist und Fremdenführer durch und starb schließlich auch dort.

[178] Die Dichterin und Übersetzerin Sophie von Schardt, geb. von Bernstorff (1755-1819) gehörte zu Goethes Zeiten zum Weimarer Hof. Sie war mit dem ältesten Bruder von Charlotte von Stein, geb. von Schardt (1742-1827), einer engen Freundin Goethes, verheiratet. Sie konvertierte Ostern 1816 zum Katholizismus.

[179] Der deutsche Schriftsteller Clemens Brentano (1778-1842) war zusammen mit Achim von Arnim (1781-1831) und Joseph von Eichendorff (1788-1857) einer der führenden Repräsentanten der Heidelberger Romantik.

[180] So etwa gegenüber seinem Freund, dem Juristen und Übersetzer Graf Friedrich Leopold zu Stolberg-Stolberg (1750-1819), der als Dichter dem `Sturm und Drang´ zugerechnet wird und mit Goethe einst die Schweiz bereist hatte.

[181] So überliefert von Heinrich Laube (1806-1884), vgl. Goethes Gespräche, hg. v. W. Herwig, a. a. O., 5, 136. Der Lutheraner Goethe hatte dabei u. a. konkret Clemens Brentano, der 1817 zum Katholizismus konvertierte und Zacharias Werner (1768-1823), Dichter und Dramatiker der Romantik, der nach seiner Konversion 1814 katholischer Priester wurde, vor Augen.

Für sich selbst als Lutheraner kam eine Konversion zu keinem Zeitpunkt in seinem Leben infrage.[182] Dennoch speicherte Goethe, vermutlich aus anderen Gründen, seine Italienreise als positiv ab: Er bezeichnete sie als „Wiedergeburt"[183].

---

[182] Das war auch Zeitgenossen klar, vgl. Achim von Arnim an Wilhelm Grimm, 22. September 1811, in: Goethes Gespräche, hg. v. W. Herwig, a. a. O., 2, 691. Vgl. demgegenüber das Gedicht `Parabel´: „Da lebten wir Kinder Lutheraner/Von etwas Predigt und Gesang,/Waren aber dem Kling und Klang/Der Katholiken zugetaner:/Denn alles war doch gar zu schön,/Bunter und lustiger anzusehn" (Goethe, Parabel, in: ders., BA 1, 420f.).

[183] Goethe, zit. nach Rüdiger Safranski, Goethe, a. a. O., 328. Goethe-Forscher gehen heute mehrheitlich davon aus, dass Goethe seine ersten sexuellen Erfahrungen als 39jähriger in Rom machte. In seine italienische Zeit fällt die Publikation von `Iphigenie auf Tauris´ (1779/1787), entstanden im Gartenhaus in Weimar und bald ein Symbol der Klassik, sowie die Arbeit am `Torquato Tasso´ (1790), am `Egmont´ (1775/1788) und am `Faust´ (1808).

5. Goethe und der Islam

Zeitgenössischen Berichten zufolge deutete der
sterbende Goethe mit dem Zeigefinger ein paar Zeichen in der Luft an, was von einigen Anwesenden,
getreu den Anfangsbuchstaben des zweiten Vor-
namens des Sterbenden, als ein `W´ gedeutet wur-
de. Muslime interpretierten diese Situation dahingehend, dass der mit dem Tod ringende Goethe das
arabische Zeichen für Allah in die Luft schrieb, da er
im Arabischen bewandert und anscheinend zu
schwach zum Sprechen war.[184] Was damals genau
geschah, ist allerdings 186 Jahre nach seinem Tod
nicht mehr zu ermitteln. Aber diese Anekdote ruft in
Erinnerung, dass Goethe eine lebenslange große
Affinität zum Islam hatte – vor allem die Offenbarung Gottes in der Natur und die Schicksalsgläubig-
keit kamen Goethe entgegen – und dass in seiner
Zeit die europäische Orientalistik eine Blüteperiode
erlebte. Für Goethe war der Islam eine beruhigende
Gegenwelt zu einer als rastlos empfundenen abend-
ländischen Zivilisation.[185] Besonders im Alter zog

---

[184] Es wird vermutet, dass Goethe türkische Vorfahren gehabt haben könnte:
Der türkische Offizier Sadok Seli Soltan (1270-1328), ein sog. `Beutetürke´,
vermutlich der erste urkundlich bekannte türkische Deutsche, der sich 1305 in
Brackenheim taufen ließ, könnte zu Goethes Ahnen gehört haben. In arabischen Ländern kursiert deshalb bis heute das Gerücht, Goethe könnte Muslim
gewesen sein!
[185] Diese besondere Affinität für den Islam verband Goethe mit den Romanti-
kern, die sich vor allem für das maurische Spanien begeisterten, sowie mit
Gotthold Ephraim Lessing (1729-1781), Johann Gottfried Herder und August

Goethe das Morgenland an.[186] Im `West-östlichen Divan´[187], Goethes letzter, umfangreicher Gedichtsammlung, einer Hommage an die reichhaltige ori-

---

Wilhelm Schlegel (1767-1845), vgl. Heinrich Heine, Almansor (1820/21), in: ders., Sämtliche Werke in drei Bänden, a. a. O., Bd. 1, 732-774. Heines im Jahr 1823 in Braunschweig uraufgeführte Tragödie musste nach tumultartigen Szenen im Publikum abgebrochen werden. In dem Stück befinden sich die prophetisch anmutenden, oft zitierten Worte Heines: „...dort wo man Bücher/Verbrennt, verbrennt man auch am Ende Menschen" (Heinrich Heine, Almansor, in: ders., Sämtliche Werke in drei Bänden, Bd. 1, a. a. O., 738). Heines Stück, in dem es um die Schaffung von Frieden geht, wurde in letzter Zeit mehrfach von muslimischer Seite als Toleranzstück gewürdigt.

[186] Im Alter, muss man allerdings sagen, zeigte Goethe auch großes Interesse an den durch großen religiösen Pluralismus und Religionsfreiheit ausgezeichneten amerikanischen Verhältnissen, vgl. Goethe, Maximen und Reflexionen, Nr. 709, in: ders., HA XII, Schriften zur Kunst und Literatur, 466: „In Neuyork sind neunzig verschiedene christliche Konfessionen, von welchen jede auf ihre Art Gott und den Herrn bekennt, ohne weiter aneinander irre zu werden. In der Naturforschung, ja in jeder Forschung müssen wir es so weit bringen; denn was will das heißen, dass jedermann von Liberalität spricht und den andern hindern will, nach seiner Weise zu denken und sich auszusprechen?"

[187] Bei Goethes `West-östlichem Divan´, 1819 erstmals erschienen und 1827 erweitert, handelt es sich um einen Gedichtzyklus, der durch Werke des legendären persischen Dichters und Mystikers Hafis (um 1315-1390) inspiriert wurde, den Goethe erstmals im Alter von 65 Jahre gelesen hatte. Das lyrische Ich des Buches ist muslimisch. Im `Divan´, in zwölf Bücher eingeteilt, stellt Goethe muslimische Lehrmeinungen vor und setzt sich kritisch-ironisch mit der Rolle der Frau und dem Alkoholverbot im Islam auseinander. Ein Teil der Gedichte geht auf Goethes Romanze mit der Frankfurter Bankiersgattin Marianne von Willemer (1784-1860) zurück. Goethe hatte sie bei einem Kuraufenthalt in Wiesbaden kennengelernt und im Buch `Suleika´ verewigt. Von Goethes Musen war diese Schauspielerin und Tänzerin, 35 Jahre jünger als der Dichter, die einzige, die er auch an seinen Werken als Mitautorin beteiligte – was allerdings erst postum bekannt wurde. Vgl. Goethe, West-östlicher Divan, in: ders., HA 2, Gedichte und Epen II, 7-125, und ders., Noten und Abhandlungen zu besserem Verständnis des West-östlichen Divans, in: Goethe, HA 2, Gedichte und Epen II, 126-270. Zur Online-Version: http://www.deutschestextarchiv.de/book/show/goethe_divan_1819 und http://gutenberg.spiegel.de/buch/-3656/1d (beides aufgerufen am 11. April 2018). Das Buch gehört seit 2001 zum UNESCO-Weltdokumentenerbe. Nach ihm ist das `West-Eastern Divan Orchestra´ genannt: Unter der Leitung von Daniel Barenboim (geb. 1942) engagiert sich das aus gleichermaßen israelischen und arabischen Musikerinnen und Musikern bestehende Orchester für den Frieden im Nahen Osten: https://www.west-eastern-divan.org/e (aufgerufen am 13. April 2018).

entalisch-islamische Kultur, klang diese Affinität an.[188] Das lyrische Ich dieser Sammlung ist muslimisch.[189] Auch werden von Goethe muslimische Lehrmeinungen vorgestellt: „Jesus fühlte rein und dachte/Nur den Einen Gott im Stillen;/Wer ihn selbst zum Gotte machte/kränkte seinen heil'gen Willen./Und so muß das Rechte scheinen/Was auch Mahomet gelungen;/Nur durch den Begriff des Einen/Hat er alle Welt bezwungen."[190] Goethe, sich mit zunehmendem Alter geistig mehr und mehr im Morgenland verortend, vertrat die Position, dass der Koran neben der Bibel das wichtigste religiöse Buch auf Erden war. Aber in der Forschung gilt als gesichert, dass Goethe bereits in Studienjahren den Koran gelesen hat – nicht zuletzt auf dem Hintergrund religiöser Toleranz, die die Aufklärer bekannt-

---

[188] Heinrich Heine schreibt spottend: „... Herr August Wilhelm Schlegel nannte ihn... mit gläsernem Ärger `einen zum Islam bekehrten Heiden´" (H. Heine, Die romantische Schule, in: ders., Sämtliche Werke 3, a. a. O., 41).

[189] Heine schreibt über Goethes Buch: „Es enthält die Denk- und Gefühlsweise des Orients in blühenden Liedern und kernigen Sprüchen; und das duftet und glüht darin, wie ein Harem voll verliebter Odalisken mit schwarzen geschminkten Gazellenaugen und sehnsüchtig weißen Armen. Es ist dem Leser dabei so schauerlich lüstern zu Mute... Manchmal ist dem Leser auch zu Mute, als läge er behaglich ausgestreckt auf einem persischen Teppich und rauchte aus einer langröhrigen Wasserpfeife den gelben Tabak von Turkistan, während eine schwarze Sklavin ihm mit einem bunten Pfauenwedel Kühlung zuweht, und ein schöner Knabe ihm eine Schale mit echtem Mokkakaffee darreicht; - den berauschendsten Lebensgenuß hat hier Goethe in Verse gebracht, und diese sind so leicht, so glücklich, so hingehaucht, so ätherisch, daß man sich wundert, wie dergleichen in deutscher Sprache möglich war" (H. Heine, Die romantische Schule, in: ders., Sämtliche Werke 3, a. a. O., 40).

[190] Goethe, WA I, 6, 288ff.

lich groß schrieben.[191] Bereits in einem Entwurf zum `Götz von Berlichingen´[192] (1773) zitierte Goethe eine Sure aus dem Koran.[193] Goethe, der 1771/72 Koranstudien trieb, bemühte sich, für den Islam um Verständnis zu werben und plante ein Mahomet-Drama.[194] Besonders beeindruckte ihn die Gestalt des Propheten selbst, das Wesen und Schicksal

---

[191] Vgl. dazu weiterführend die umfangreichen Arbeiten von Katharina Mommsen, Goethe und der Islam, FfM 2001; dies., Goethe und 1001 Nacht, Siegburg 2006, und dies., Goethe und die arabische Welt, FfM 1988. Katharina Mommsen (geb. 1925) ist eine deutsch-US-amerikanische Literaturwissenschaftlerin, die sich ihr Leben lang mit dem Werk Goethes, insbesondere mit dessen Verhältnis zum Islam, beschäftigt hat und an der kalifornischen Stanford University lehrte. In Kuweit wurde ihr Buch `Goethe und die arabische Welt´, 1995 in arabischer Übersetzung erschienen, zensiert.

[192] Goethes Drama `Götz von Berlichingen´, in dem Goethe im dritten Akt dem Schwäbischen Gruß ein literarisches Denkmal gesetzt hat (vgl. 139), befindet sich in: Goethe, HA 4, Dramatische Dichtungen II, 73-175.

[193] Die 2. Sure blieb bis ins Alter Goethes Lieblingssure, u. a. wegen ihres kosmologischen Gottesbegriffs und der Offenbarung Gottes in der Natur (Vers 109). Zu Goethes Naturauffassung vgl. Tobias Pöhlmann, Goethes Naturauffassung in neutestamentlicher Beleuchtung dargestellt (Reprint des Originals von 1927), Paderborn 2012, bes. 91ff., 128ff. und 185ff.

[194] Mahomet ist die französische Version des Namens des Propheten Mohammed. Der französische Philosoph Voltaire (1694-1778), einer der meist gelesenen Autoren der französischen und europäischen Aufklärung, hatte die islamkritische Tragödie `Mahomet´ verfasst. Seine Polemik, in der er den Fundamentalismus ablehnte, ließ er Friedrich dem Großen (1712-1786) zukommen. Goethe hingegen, der Voltaires Buch zwar ins Deutsche übersetzt, sich aber von Voltaires Mohammed-Bild distanziert hatte, interpretierte den Gott suchenden Propheten als großes schöpferisches Genie, vgl. weiterführend Manfred Osten, War Goethe ein Mohammedaner? Zur Modernität seines Islam-Verständnisses, in: NZZ v. 17.5.2002, 61, online zugänglich unter: https://www.kulturkreis-gasteig.de/files/daten/allgemein/war-goethe-ein-mohammedaner.pdf (aufgerufen am 13. April 2018). Peter Landau spricht im Blick auf Goethes abgelehnte Dissertation von dessen `religiösem Individualismus´, der von einigen Straßburgern als `Voltairianismus´ missverstanden worden sein müsse, vgl. Peter Landau, Goethes verlorene juristische Dissertation und ihre Quellen, a. a. O., 20.

des Religionsstifters Mohammed[195], wie er es u. a. in dem Gedicht `Mahomets-Gesang´[196] zum Ausdruck brachte.

Heute, in einer Zeit, in der in Deutschland heftig darüber gestritten wird, ob der Islam zu Deutschland gehört oder nicht[197], in der mit terroristischen Anschlägen von Fundamentalisten jederzeit gerechnet werden muss, in der aus vorauseilendem Gehorsam Opern mit islamkritischen Inhalten abgesetzt werden[198], ist gewiss, dass Goethe seinerzeit eindeutig Position bezogen hat. Er war sich des kulturellen Schismas zwischen dem Islam und dem Westen bewusst und sah deshalb die Notwendigkeit eines großen Gesprächs zwischen den Religionen.[199]

---

[195] Der Prophet Mohammed, mit vollem Namen Abū l-Qāsim Muhammad ibn ʿAbdallāh ibn ʿAbd al-Muttalib ibn Hāschim ibn ʿAbd Manāf al-Qurashī (um 570-632), ist der Religionsstifter des Islam. Er gilt als Prophet und Gesandter Gottes.

[196] Vgl. Goethe, Mahomets-Gesang, in: ders., HA 1, Gedichte und Epen I, 42-44. In dem Gedicht wird der Weg eines Flusses von der Quelle über Wiesen und Täler bis zum Ozean erzählt und der Prophet Mohammed als der alles mitreißende Strom verherrlicht. Zum Text: http://literaturnetz.org/pages/8790.html`Mahomet´ (aufgerufen am 11. April 2018).

[197] Erinnert sei an dieser Stelle an den Satz des ehemaligen Bundespräsidenten Christian Wulff (geb. 1959), geäußert in seiner Bremer Rede zum 20. Jahrestag der deutschen Einheit am 3. Oktober 2010, der später von Bundeskanzlerin Angela Merkel (geb. 1954) bekräftigt wurde und eine bis heute anhaltende Diskussion in Deutschland verursachte. Dahinter steht implizit die Frage, was deutsch ist, vgl. weiterführend Dieter Borchmeyer, Was ist deutsch? Die Suche einer Nation nach sich selbst, Berlin 2017.

[198] Ich denke an die Absetzung von Mozarts 1781 uraufgeführter Oper `Idomeneo´ in der Deutschen Oper Berlin im Jahr 2006 aus Angst vor Islamisten.

[199] Nach Goethe und dem andalusischen Arzt und Philosophen Averroës (arab. Ibn Ruschd, 1126-1198) wurde im Juni 2017 die liberale Moschee Ibn-Rushd-Goethe-Moschee in Berlin benannt. Gegründet hat die Moschee die deutsche Rechtsanwältin und Frauenrechtlerin Seyran Ateş (geb. 1963), die

Man kann sagen, dass Goethe, den Islam wert-
schätzend, vor ca. zweihundert Jahren den Dialog
zwischen Christentum und Islam vorweggenommen
hat:[200] „Wer sich selbst und andere kennt,/Wird
auch hier erkennen:/Orient und Okzident/Sind nicht
mehr zu trennen.“[201] Goethes Diktum aus dem
`West-östlichen Divan´ ist noch immer aktuell. In
ihm heißt es: „Das eigentliche, einzige und tiefste
Thema der Welt- und Menschengeschichte, dem
alle übrigen untergeordnet sind, bleibt der Konflikt
des Unglaubens und Glaubens. Alle Epochen, in
welchen der Glaube herrscht, unter welcher Gestalt
er auch wolle, sind glänzend, herzerhebend und
fruchtbar für Mitwelt und Nachwelt. Alle Epochen
dagegen, in welchen der Unglaube, in welcher Form
es sei, einen kümmerlichen Sieg behauptet, und
wenn sie auch einen Augenblick mit einem
Scheinglanze prahlen sollten, verschwinden vor der
Nachwelt, weil sich niemand gern mit Erkenntnis
des Unfruchtbaren abquälen mag.“[202]

---

einen säkularen Islam vertritt. Die Moschee besitzt kein eigenes Gebäude,
sondern befindet sich in einem Nebengebäude der evangelischen Kirche St.
Johannis in Berlin-Moabit.
[200] Nachgewiesenermaßen hat Goethe 1814 an einem islamischen Gebet
teilgenommen, vgl. dazu umfangreich Katharina Mommsen, `Orient und Okzi-
dent sind nicht mehr zu trennen´: Goethe und die Weltkulturen (Schriften der
Goethe-Gesellschaft), Göttingen 2012.
[201] Goethe, Aus dem Nachlass, in: ders., HA 2, Gedichte und Epen II, 121.
[202] Goethe, Noten und Abhandlungen zu besserem Verständnis des West-
östlichen Divans, in: ders., HA 2, Gedichte und Epen II, 126-270, Zitat auf 208.

6. Goethe und das Judentum

Im Blick auf das Verhältnis zum Judentum steht Johann Wolfgang von Goethe, ähnlich anderen Geistesgrößen, in einer in Deutschland weit verbreiteten judenfeindlichen Tradition[203] – zusammen mit dem Reformator Martin Luther[204], dem Aufklärer Immanuel Kant[205], dem ʼfünften Evangelistenʼ Johann Sebastian Bach[206], dem Komponisten Richard

---

[203] In vielen Goethe-Biografien und Lexikonartikeln nach 1945 wurde dieses Thema lange ausgespart oder stiefmütterlich behandelt. Auf Hagalil ist der Satz zu finden: „Legt man heutige Maßstäbe an, war Goethe ein Antisemit" (http://www.hagalil.com/2014/03/goethe/, aufgerufen am 11. Mai 2018). Vermutlich ist der Begriff Antisemitismus im Blick auf Goethes Verhältnis zum Judentum aber falsch, vgl. Gero von Wilpert, Goethe: Die 101 wichtigsten Fragen, a. a. O., 99. Denn Goethe schätzte die kulturellen Verdienste der Juden und verbot als Theaterdirektor deren damals übliche Verspottung von der Bühne herab. Er war allerdings auch gegen das Emanzipationsgesetz und gegen die Erlaubnis christlich-jüdischer Mischehen. In seinem dichterischen Werk spielt das Judentum eher eine marginale Rolle (bis auf seine ʼJudenpredigtʼ von 1765 und das Fragment ʼDer ewige Judeʼ von 1774).
[204] Die divergierenden Aussagen von Martin Luther (1483-1546) zum Judentum und zum Umgang mit Juden, die zur Folge hatten, dass sich in späteren Jahrhunderten sowohl Freunde als auch Feinde der Juden auf ihn beriefen, waren im Reformationsjubiläumsjahr 2017 auch Gegenstand wissenschaftlichen Interesses, vgl. exemplarisch https://www.luther2017.de/fileadmin/luther2017/material/Grundlagen/lutherdek ade_reformation_und_die_juden.pdf (aufgerufen am 14.3.2018).
[205] Immanuel Kants (1724-1804) judenfeindliche Äußerungen sind gedankenlos-klischeehaft und widersprechen damit seinen eigenen reflektierten Ansprüchen an aufklärerisches Denken. Kant hielt den jüdischen Glauben für Aberglauben und sagte ʼden Judenʼ ʼWuchergeistʼ nach, vgl. weiterführend Bettina Stangneth, Antisemitismus und Antijudaistische Motive bei Immanuel Kant? Tatsachen, Meinungen, Ursachen, in: Horst Gronke/Thomas Meyer/Barbara Neißer (Hg.), Antisemitismus bei Kant und anderen Denkern der Aufklärung. Prämierte Schriften des wissenschaftlichen Preisausschreibens ʼAntisemitische und antijudaistische Motive bei Denkern der Aufklärungʼ, Würzburg 2001, 11-124.
[206] Obwohl man Johann Sebastian Bach (1685-1750) nicht direkt persönlichen Antijudaismus nachweisen kann, hat er, der es sich als überzeugter Luthera-

Wagner[207], den Schriftstellern Wilhelm Raabe[208] und Theodor Fontane[209] und vielen anderen

---

ner zur Aufgabe machte, Luthers Theologie in Töne zu verwandeln, mit dafür gesorgt, dass mit den Texten der Matthäus- und der Johannes-Passion die älteste christliche antijüdische Polemik bis heute in den Köpfen von Musikliebhabern und Musikern vorhanden ist. Die Selbstverfluchung Israels beispielsweise (`Sein Blut komme über uns und unsere Kinder´) wird in der Matthäuspassion (1727/1729) siebzig Mal gesungen und die effektvolle Positionierung der `Wutchöre der Juden´, der Turbae, in der Matthäuspassion dient der gezielten Polarisierung von `fides christiana´ und `fides iudica´ – vom `Kreuzige ihn´ in der Johannespassion von 1724 ganz zu schweigen: Die Juden seien danach schuld an Jesu Tod. Die Musik des deutschen Barockkomponisten trägt bis heute antijüdische Botschaften in alle Welt und die Wirkungsgeschichte dieser Judenfeindschaft sollte insbesondere auf dem Hintergrund von Auschwitz nicht vergessen werden. In der Bach-Forschung ist diese Erkenntnis inzwischen angekommen, wobei der Ahnherr der protestantischen Kirchenmusik in der Regel vom Judenhass freigesprochen wird, vgl. John Eliot Gardiner, Bach. Musik für die Himmelsburg, München 2016, 448f.: „Beunruhigender ist in der Welt nach dem Holocaust die Dämonisierung der Juden in beiden Passionen, die Bach gelegentlich vorgeworfen wird. Dabei sind Spuren von Antisemitismus, so beklagenswert das ist, ein integraler Bestandteil der Berichte der Evangelisten; man kann sie nicht Bach in die Schuhe schieben."

[207] Der Antisemitismus des Sachsen Richard Wagner (1813-1883) ist bekannt. Nicht nur das Werk des Repräsentanten des Düsteren, Mystischen und Dämonischen ist von Antisemitismen durchzogen, sondern Wagner hat sich bekanntlich auch systematisch zu seinem Judenhass geäußert, z. B. in seinem antisemitischen Aufsatz `Das Judenthum in der Musik´, geschrieben 1850 in Zürich, in dem er jüdischen Künstlern jede Form von Originalität abspricht: Juden seien ihm zufolge grundsätzlich unfähig, sich künstlerisch auszudrücken. Viele Regisseure trennen seither zwischen Autor und Werk. Denn griffen sie nicht zu diesem Trick, wäre Wagner wohl kaum noch auf deutschen und internationalen Bühnen spielbar. Vgl. weiterführend Jens Malte Fischer, Richard Wagner und seine Wirkung, Wien 2013, 113ff. und 138ff., der Belege für Antisemitismus auch in den Bühnenwerken Wagners anführt.

[208] Der Roman `Der Hungerpastor´ von Wilhelm Raabe (1831-1910), der in seinem Werk vor allem die Welt aus der Perspektive der deutschen Provinz beschrieb, ist „als antisemitisches Manifest... in den Kanon deutscher Literatur" (Werner Fuld, Wilhelm Raabe. Eine Biographie, München/Wien 1993, 181) eingegangen. Der Realist, der als Humorist galt und dessen Werke sich nicht nur zu Lebzeiten wie warme Semmeln verkauften, bediente und beförderte zeitgenössische antisemitische Stereotype, vgl. dagegen Götz Aly, Warum die Deutschen? Warum die Juden? Gleichheit, Neid und Rassenhaß 1800-1933, FfM 2012, 33f.

[209] Theodor Fontane (1819-1898) hat sich insbesondere in seinen Briefen antisemitisch geäußert. Doch auch in seinem Werk finden sich judenfeindliche

mehr.[210] Da die Genannten u. a. für die deutsche Kultur schlechthin stehen, lohnt es sich, das Verhältnis Goethes zum Judentum ein wenig näher zu beleuchten.[211]

In der Tat ist Johann Wolfgang von Goethe in der Vergangenheit sowohl von nichtjüdischen als auch von jüdischen Autoren entweder als Feind[212] oder als Freund[213] des Judentums und der Juden bezeichnet worden. Dabei ist Goethes Haltung zum Judentum ambivalent. Gesichert ist: Goethe wuchs in einer christlich geprägten Umgebung auf. Damals, wie zum Teil heute auch noch, war die herrschende – klassisch antijudaistische – Meinung, dass das Alte Testament durch das Neue Testa-

---

Aussagen, wie z. B. in dem Gedicht `An meinem Fünfundsiebzigsten´, in `Der Stechlin´ in den durchweg abwertend gestalteten Figuren oder bei der konstant pejorativ gehaltenen antijüdischen Namenspolemik, vgl. weiterführend Hans Otto Horch, Theodor Fontane, die Juden und der Antisemitismus, in: Christian Grawe/Helmuth Nürnberger (Hg.), Fontane-Handbuch, Stuttgart 2000, 281-305.

[210] Judenfeindlichkeit war und ist in jeder Sparte der Gesellschaft zu Hause. Von den antijüdischen Philosophen zu nennen wären neben Immanuel Kant Georg Wilhelm Friedrich Hegel (1770-1831), Johann Gottlieb Fichte (1762-1814), Arthur Schopenhauer (1788-1860), Johann Heinrich Pestalozzi (1746-1827) und Martin Heidegger (1889-1976).

[211] Das Thema war bereits oft Gegenstand von Erörterungen. Verwiesen sei an dieser Stelle auf den Aufsatz-Sammelband von Klaus L. Berghahn/Jost Hermand (ed.), Goethe in German-Jewish Culture, Rochester 2001; Wilfried Barner, 150 Jahre nach seinem Tod. Goethe und die Juden, FfM 1982; Annette Weber (Hgin.), „Außerdem waren sie ja auch Menschen". Goethes Begegnung mit Juden und dem Judentum, Berlin 2000.

[212] Darunter fallen beispielsweise Victor Hehn (1813-1890), Houston Stewart Chamberlain (1855-1927), Franz Koch (1888-1969) und Max Maurenbrecher (1876-1930). Die Nationalsozialisten waren es auch, die Goethe für ihre Ziele vereinnahmten.

[213] Dazu zählen Heinrich Tewels (1856-1927), Ludwig Geiger (1848-1919) und Julius Bab (1880-1955).

ment abgelöst worden und die Kirche an die Stelle der Judenheit getreten sei, ferner, dass die Juden Schuld am Tode Jesu und somit Gottesmörder seien.[214] Wirft man einen Blick in einige von Goethes Werken wie den `West-östlichen Divan´, `Clavigo´, die `Xenien´ oder selbst in seinen `Faust´, so findet man hier und da negative Ausführungen über Juden, die von Goethe als `schachernd´, `spionierend´ oder einfach nur als `seltsam´ beschrieben werden. Goethe waren mit hoher Wahrscheinlichkeit die kursierenden Vorurteile gegenüber Juden bekannt. Denn in `Dichtung und Wahrheit´ schrieb er rückblickend von den „alten Märchen von Grausamkeit der Juden gegen die Christenkinder"[215], womit er auf die Ritualmordvorwürfe gegenüber den Juden anspielte.[216] Goethe schrieb allerdings auch, dass sich trotz des öffentlichen Spotts zwischenzeitlich die Einstellung gegenüber den Juden zum Besseren hin gewandelt habe und sie „das auserwählte Volk Got-

---

[214] In der Bibliothek von Goethes Vater befanden sich Judaica-Bücher, aber auch etliche antijudaistische, apologetische Schriften. Vgl. weiterführend Ursula Homann, Goethe und das Judentum. Ein wenig spektakuläres Verhältnis, in: literaturkritik Nr. 10 v. Oktober 1999, online zugänglich unter: https://literaturkritik.de/id/460 (aufgerufen am 18. April 2018).
[215] Goethe, Dichtung und Wahrheit, in: ders., HA 9, Autobiographische Schriften I, I, 4, 150.
[216] Vgl. weiterführend Nicole Spengler, Legendenbildung um Simon von Trient – Ein Ritualmordkonstrukt, in: Ursula Schulze (Hgin.), Juden in der deutschen Literatur des Mittelalters. Religiöse Konzepte – Feindbilder – Rechtfertigungen, Tübingen 2002, 211-231.

tes"[217] geblieben seien. „Außerdem waren sie ja auch Menschen, tätig, gefällig, und selbst dem Eigensinn, womit sie an ihren Gebräuchen hingen, konnte man seine Achtung nicht versagen. Überdies waren die Mädchen hübsch..."[218] Goethe berichtete davon, dass er neugierig geworden war, diese jüdischen Gebräuche und Riten kennenzulernen. Er schrieb, dass er mehrfach in einer jüdischen Schule zu Gast gewesen war und an einer Beschneidungsfeier, einer Hochzeit sowie am Laubhüttenfest teilgenommen hatte. Auch inhaltlich und sprachlich beschäftigte sich Goethe in seiner Frankfurter Kindheit und Jugend mit alttestamentlichen Themen wie Abraham, Joseph, Ruth u. a. und bearbeitete diese – davon ist allerdings bis auf die Tragödie `Belsazar´ alles verloren gegangen.[219] Goethe hatte nicht nur, wie bereits erwähnt, Kenntnisse des Hebräischen – so übersetzte er 1775 das `Hohelied der Liebe´ –, sondern war auch das Jiddische gewohnt, das er bei seinen Besuchen in der Frankfurter `Ju-

---

[217] Goethe, Dichtung und Wahrheit, in: ders., HA 9, Autobiographische Schriften I, I, 4, ebda.
[218] Goethe, Dichtung und Wahrheit, in: ders., HA 9, Autobiographische Schriften I, I, 4, ebda.
[219] Darunter befindet sich auch der Entwurf eines vielsprachigen Briefromans (1762), in dem Goethe das Jiddische zur Erzielung einer komischen Wirkung beim Publikum resp. beim Leser einsetzte. Goethe verwendet eine Menge alttestamentlicher Bilder und Geschichten in verschiedenen seiner Werke, so in `Wilhelm Meisters Wanderjahre´, im `Divan´, im `Werther´, im `Götz´, in `Clavigo´, in `Stella´, im `Prometheus-Fragment´, im `Egmont´, in den `Wahlverwandtschaften´, in `Hermann und Dorothea´ und in der `Iphigenie´ – selbst in der `Geschichte der Farbenlehre´, in seinen Gedichten ohnehin.

dengasse'[220] immer wieder gehört hatte.[221] Er beschrieb die Zustände im überfüllten Frankfurter Ghetto in einem Gespräch mit Simon von Lämel[222] in Karlsbad: „Die Gestalten der engen und finsteren Judenstadt waren mir gar befremdliche und unverständliche Erscheinungen, die meine Phantasie beschäftigten, und ich konnte gar nicht begreifen, wie dieses Volk das merkwürdigste Buch der Welt aus sich heraus geschrieben hat. Was sich allerdings in meiner früheren Jugend als Abscheu gegen die Juden in mir regte, war mehr Scheu vor dem Rätselhaften, vor dem Unschönen. Meine Verachtung, die

---

[220] Seit dem 17. Jahrhundert war die `Judengasse´ in Frankfurt eine Touristenattraktion. Das Ghetto war eine der größten legalen jüdischen Ansiedlungen im Reich. Ständig wurde von Reiseschriftstellern das antijüdische Stereotyp vom schmutzigen, ewig schachernden Juden wiederholt, der sich im Gegensatz zum sauberen, ordentlichen und anständigen Christen befand.
[221] Als Zehnjähriger erhielt Goethe ein paar Stunden Unterricht in Westjiddisch, der, wie er es nannte, `teutsch-hebräische Sprache´, und zwar bei dem jüdischen Konvertiten Carl Christian Christfreund (1723-1801), einem Sergeanten der Frankfurter Garnison. Erhalten geblieben ist eine Rechnung über 1 Gulden und 30 Kreuzer im Ausgabenbuch des Vaters, aus der hervorgeht, dass sein Sohn Unterricht im Jiddischen erhielt, so dass er u. a. die hebräische Schrift und die Zahlen erlernte, vgl. https://www.juedische-allgemeine.de/article/view/id/10218 (aufgerufen am 14. April 2018). Goethe selbst hat eine Kostprobe seiner Jiddisch-Kenntnisse in seiner `Judenpredigt´ von 1768 geliefert (allerdings ist es eine Abschrift, das Autograph fehlt), die er oft in geselliger Runde zur Belustigung der Anwesenden vorgetragen haben soll, vgl. dazu weiterführend Gerhard Sauder, Goethe und die Juden, in: Goethe und..., hg. von Manfred Leber und Sikander Singh, Saarbrücken 2016, 57-76. Gerhard Sauder (geb. 1938) war Professor für Neuere deutsche Philologie und Literaturwissenschaft an der Universität des Saarlandes.
[222] Simon von Lämel (1766-1845) war ein jüdisch-österreichischer Großhändler und Bankier, den Goethe im Mai 1812 im Kurort Karlsbad kennengelernt hatte. Lämel setzte sich für die Emanzipation der Juden, u. a. für die Abschaffung des Leibzolls in Sachsen und für die Abschaffung des sog. Judeneids, ein. Im Gegenzug muss man festhalten, dass Goethe mit jüdischer Emanzipation nicht viel im Sinn hatte.

sich wohl zu regen pflegte, war mehr der Reflex der mich umgebenden christlichen Männer und Frauen. Erst später, als ich viele geistbegabte, feinfühlige Männer dieses Stammes kennen lernte, gesellte sich Achtung zu der Bewunderung, die ich für das bibelschöpferische Volk hegte, und für den Dichter, der das hohe Liebeslied gesungen hat."[223] Auch in seiner Autobiografie beschrieb er die Zustände der „Judenstadt"[224]: „Die Enge, der Schmutz, das Gewimmel, der Akzent einer unerfreulichen Sprache, alles zusammen machte den unangenehmsten Eindruck, wenn man auch nur am Tore vorbeigehend hineinsah. Es dauerte lange, bis ich allein mich hineinwagte, und ich kehrte nicht leicht wieder dahin zurück, wenn ich einmal den Zudringlichkeiten so vieler, etwas zu schachern unermüdet fordernder oder anbietender Menschen entgangen war."[225] Später erinnerte er sich an einen Brand in der Judengasse im Jahre 1774, den er mit löschen half.[226] Er lässt in seinen Lebenserinnerungen nicht unerwähnt, dass er von den jüdischen Familien überall „wohl aufgenommen, gut bewirtet und zur Wieder-

---

[223] Goethe, zitiert nach Herbert Heckmann/Walter Michel, Frankfurt mit den Augen Goethes, FfM 1982, 95.
[224] Goethe, Dichtung und Wahrheit, in: ders., HA 9, Autobiographische Schriften I, I, 4, 149.
[225] Goethe, Dichtung und Wahrheit, in: ders., HA 9, Autobiographische Schriften I, I, 4, 149f.
[226] Vgl. Goethe, Dichtung und Wahrheit, in: ders., HA 10, Autobiographische Schriften II, IV, 16, 83f.

kehr eingeladen"[227] wurde. 1771 verfasste Goethe eine Rezension von Isaschar Falkensohn Behrs[228] `Gedichte eines polnischen Juden´[229], die am 1. September 1772 veröffentlicht wurde. In Weimar kam Goethe dann nur noch vereinzelt mit Juden, die als Händler, Trödler, Bettler und sog. `Schutzjuden´ des Hofes unterwegs waren, in Kontakt, im liberalen Ambiente von Karlsbad außerdem auf Augenhöhe, das heißt auf der Grundlage geistiger Gleichberechtigung, mit emanzipierten und akkulturierten jüdischen Zeitgenossinnen wie Rahel Levin[230], Marian-

---

[227] Goethe, Dichtung und Wahrheit, in: ders., HA 9, Autobiographische Schriften I, I, 4, 150. Katharina Mommsen hat darauf aufmerksam gemacht, dass Goethe als Enkel des Stadtschultheißen Johann W. Textor und als Neffe des Dr. Johann Jost Textor ein besonderes Entgegenkommen genoss, vgl. Katharina Mommsen, Warum schrieb Goethe die `Judenpredigt´?, in: Goethe Jahrbuch, im Auftrag des Vorstands der Goethe-Gesellschaft herausgegeben von Jochen Golz, Albert Meier und Edith Zehm, 131. Band der Gesamtfolge 2014, Göttingen 2015, 79-88, bes. 82.

[228] Isaschar (Zacharias) Falkensohn Behr (1746-1817), ein deutsch-jüdischer Militärarzt und Lyriker, gilt als der erste deutschsprachige jüdische Dichter. Er wurde von Moses Mendelssohn gefördert.

[229] Der damals 23jährige Goethe, Praktikant am Reichskammergericht in Wetzlar, veröffentlichte am 1. September 1772 im `Frankfurter Gelehrtenanzeiger´ einen Verriss.

[230] Die deutsche Schriftstellerin und Salonnière Rahel Friederike Varnhagen von Ense, geb. Levin (1771-1833), Tochter eines jüdischen Bankiers und Juwelenhändlers, die zum Christentum konvertiert war, setzte sich für die Emanzipation der Frau ein. Die begeisterte Goethe-Anhängerin, die von Zeitgenossen als klug und rebellisch beschrieben wurde, sorgte dafür, dass Goethes Werk bekannt wurde. Heinrich Heine widmete ihr seinen Gedichtzyklus `Die Heimkehr´ in seinem `Buch der Lieder´. Bemerkenswert ist ihre Verfügung, 20 Jahre nach ihrem Tod oberirdisch in einem Sarg mit Sichtfenster aufgebahrt zu werden. Erst 1867 wurden ihre sterblichen Überreste auf dem Dreifaltigkeitsfriedhof I in Berlin-Kreuzberg beigesetzt, vgl. weiterführend Hannah Arendt, Rahel Varnhagen. Lebensgeschichte einer deutschen Jüdin aus der Romantik, München 1981, und Carola Stern, Der Text meines Herzens. Das Leben der Rahel Varnhagen, Reinbek bei Hamburg 1994.

ne und Sara Meyer[231] und Dorothea Veit[232]. Später waren dann unter den vielen Besucherinnen und Besuchern in Weimar auch Juden, wie z. B. Salomon Munk[233] und Eduard Gans[234], andere wie der Philosoph Marcus Herz[235] und David Friedländer[236] standen mit Goethe in Briefkontakt. Von Moritz Da-

---

[231] Sophie Leopoldine Wilhelmine Baroness von Grotthuis, geb. Sara Mayer (1763-1828), Tochter eines orthodoxen jüdischen Bankiers und erzogen von Moses Mendelssohn, war eine der einflussreichsten Berliner Salonnièren und die Cousine von Rahel Varnhagen von Ense. Wie diese konvertierte auch sie später zum evangelischen Glauben (1788). Goethe korrespondierte mit ihr viele Jahre und schickte ihr seine unveröffentlichten Manuskripte zum Vortrag und zur Diskussion in ihrem literarischen Salon. Saras Schwester war die spätere Marianne Freifrau von Eybenberg (1770-1812), geb. Meyer, vgl. dazu Goethe. Begegnungen und Gespräche, begründet von Ernst Grumach und Renate Grumach, Band VI 1806-1808, hg. von Renate Grumbach, Berlin-New York 1999.

[232] Dorothea Friederike Schlegel, geb. Brendel Mendelssohn (1764-1839), im Alter von 14 Jahren mit dem zehn Jahre älteren Kaufmann und Bankier Simon Veit (1754-1819) verheiratet, mit dem sie vier Söhne bekam (von denen zwei überlebten) und von dem sie sich später scheiden ließ, war die jüngste Tochter des Aufklärers Moses Mendelssohn (1729-1786). Die spätere Ehefrau des Frühromantikers Friedrich Schlegel (1772-1829) trat 1804 zum Protestantismus über und konvertierte vier Jahre später zum Katholizismus.

[233] Der deutsche Orientalist Salomon Munk (1805-1867), in Paris lebend, lehrte, obwohl schon vollständig erblindet, als Professor die hebräische, chaldäische und syrische Sprache.

[234] Eduard Gans (1797-1839) war ein deutscher, aus einer liberalen assimilierten jüdischen Familie stammender Jurist, Rechtsphilosoph (einer der Herausgeber der Werke Hegels), ein Historiker und Journalist, der heute als einer der Begründer der Vergleichenden Rechtswissenschaft in Deutschland gilt, und ein bekennender Europäer.

[235] Marcus Herz (1747-1803) war ein deutscher Arzt und Philosoph, einer der angesehensten jüdischen Ärzte Berlins. Er war der Ehemann der bedeutenden romantischen Berliner Schriftstellerin und Salonnière Henriette Herz (1764-1847).

[236] David Friedländer (1750-1834) war ein deutsch-jüdischer Seidenfabrikant und Autor, der sich für die Emanzipation der Juden einsetzte und heute zu den bedeutenden jüdischen Aufklärern in Berlin zählt.

niel Oppenheim[237] ließ sich Goethe 1827 porträtie-ren. Den jungen Felix Mendelssohn-Bartholdy[238] schloss der alte Goethe in sein Herz. Andere Juden trugen dazu bei, dass sich der Name Goethe als bedeutendster Dichter seiner Zeit über Deutschland hinaus verbreitete. Zu diesen gehörten Albert Bielschowsky[239], Ludwig Geiger[240], Richard Moritz Meyer[241], Eduard Engel[242], Georg Simmel[243], Emil

---

[237] Moritz Daniel Oppenheim (1800-1882), der bedeutende Porträts jüdischer Persönlichkeiten anfertigte, gilt als erster jüdischer Maler, der international bekannt wurde.

[238] Zwischen dem genialen deutsch-jüdischen Pianisten, Organisten und Komponisten Felix Mendelssohn-Bartholdy (1809-1847), einem der bedeu-tendsten Musiker der Romantik und Enkel von Moses Mendelssohn (der Goethe 1821 erstmals in Weimar besucht hatte), und Goethe bestand eine tiefe Sympathie. Mendelssohn, der zum Protestantismus konvertierte und sich 1825 konfirmieren ließ, gilt als der Wiederentdecker der Werke Johann Sebas-tian Bachs und Georg Friedrich Händels (1685-1759).

[239] Der promovierte deutsche Literaturwissenschaftler Albert Bielschowsky (1847-1902) wurde durch seine Veröffentlichungen über Goethe bekannt.

[240] Ludwig Moritz Philipp Geiger (eigentlich Lazarus Abraham Geiger, 1848-1919) war ein liberaler deutsch-jüdischer Literatur- und Kulturhistoriker und Goethe-Experte (langjähriger Herausgeber des Goethe-Jahrbuchs).

[241] Der deutsche Germanist Richard Moritz Meyer (1860-1914), Sohn eines wohlhabenden jüdischen Bankiers, wurde 1901 Professor der deutschen Literaturgeschichte und führte zusammen mit seiner Frau einen literarischen Salon. Auf seinem Grabstein auf dem Friedhof Schönhauser Allee in Berlin befindet sich ein Zitat von Goethe.

[242] Der deutsche Sprach- und Literaturwissenschaftler Eduard Engel (1851-1938), ein Goethe-Kenner, vertrat deutschnationale, reaktionäre Positionen (wie z. B. die Begrüßung der Machtübernahme der Nazis, Lob der sog. Gleichschaltung, Unterdrückung der Sozialdemokraten und Kommunisten). Seine Zugehörigkeit zum Judentum wurde ihm nach 1933 zum Verhängnis.

[243] Der deutsche Philosoph und Soziologe Georg Simmel (1858-1918), ein promovierter und habilitierter Neukantianer, stammte aus einer vom Judentum zum Christentum konvertierten Kaufmannsfamilie. Über ein Erbe wurde er wirtschaftlich unabhängig. Die bekannteste Arbeit des von bedeutenden Zeit-genossen Geehrten war seine `Philosophie des Geldes´ (1900).

Ludwig[244], Friedrich Gundolf[245], Richard Friedenthal[246] und Hans Mayer[247] und, nicht zu vergessen,
natürlich Henriette Herz[248]. Auch in folgenden Jahrhunderten zählten viele Juden zu Goethes Vereh-
rern. Mit dem Namen Goethe verband sich für sie
die Hoffnung, über die Literatur und Kunst zur As-
similation zu gelangen.[249]

Alles in allem kann man sagen: Es gibt Stellen in
Goethes Werk, in seinen Tagebüchern, Briefen und

---

[244] Emil Ludwig (1881-1948), ein promovierter Jurist, war ein deutscher, später
schweizerischer Schriftsteller, der 1902 vom Judentum zum Christentum
konvertierte. Seine Biografien weltgeschichtlich herausragender Persönlichkeiten machten ihn berühmt. Seine Werke wurden von den Nazis verbrannt, er
selbst konnte sich ins US-amerikanische Exil retten.

[245] Der promovierte Dichter und habilitierte Literaturwissenschaftler Friedrich
Gundolf (eigentlich Friedrich Leopold Gundelfinger, 1880-1931), der 1916
seinen `Goethe´ veröffentlichte, war vermutlich der meist gelesene Germanist
– seine Bücher erlebten hohe Auflagen – und einer der prominentesten Gelehrten der Weimarer Republik.

[246] Der deutsche Schriftsteller Dr. Richard Friedenthal (1896-1979), Nachlass-
verwalter Stefan Zweigs (1881-1942), war ein erfolgreicher Lektor, bevor er
wegen seiner jüdischen Herkunft mit einem Schreibverbot belegt wurde. Er
starb als britischer Staatsbürger und liegt in Berlin-Nikolassee begraben.

[247] Der deutsche Literaturwissenschaftler, Kritiker, Schriftsteller und Musikwis-
senschaftler Prof. Dr. Hans Mayer (1907-2001), aus einer großbürgerlichen
jüdischen Familie stammend, war Jude, Homosexueller und Marxist. 1963
kehrte er nicht mehr in die DDR zurück. Er lebte viele Jahre in Tübingen, wo
er auch starb; begraben liegt er auf dem Dorotheenstädtischen Friedhof in
Berlin. Vgl. weiterführend Wilfried Barner, Von Rahel Varnhagen bis Friedrich
Gundolf. Juden als deutsche Goethe-Verehrer (Kleine Schriften zur Aufklärung; Bd. 3), Göttingen 1992.

[248] Die Berlinerin Henriette Herz, geb. de Lemos (1764-1847) war eine der
führenden Salonnièren der Frühromantik. Aus einer jüdischen Medizinerfami-
lie stammend, heiratete sie ihrerseits den Arzt und Aufklärer Marcus Herz und
gründete einen der bekanntesten literarischen Salons Berlin, den sie 23 Jahre
lang führte und in dem sie mit Vorliebe Goethe las. 1817 konvertierte sie zum
Protestantismus.

[249] Vgl. weiterführend: Von Rahel Varnhagen bis Friedrich Gundolf. Juden als
deutsche Goethe-Verehrer, Göttingen 1992.

Gesprächen, die eindeutig antijüdisch sind.[250] Für Goethe gab es anscheinend eine Spannung zwischen dem israelitischen Volk des Alten Testaments und der Erscheinung des Judentums seiner Zeit. Einzelne Jüdinnen und Juden spielten im persönlichen Kontakt mit Goethe[251] für ihn eine Rolle, nicht aber das zeitgenössische Judentum als solches in Goethes dichterischem Werk[252]. In diesem Werk lassen sich zwar antijüdische Aussagen finden, nicht aber ein umfangreicher, für Goethes Haltung zu diesem Thema repräsentativer Text.

---

[250] Vgl. weiterführend Günter Hartung, Art. Judentum, in: Goethe-Handbuch, Bd. 4/1, Stuttgart/Weimar 1998, 581-590.

[251] Zu erwähnen sind hier die sieben Prozesse, die Goethe als Advokat in Frankfurt im Interesse jüdischer Klienten gehalten hat.

[252] In Goethes Werk kommen Juden so oft vor, dass hier die Erwähnung aller Stellen den vorgegebenen Rahmen überschreiten würde. Posthum, soviel sei erwähnt, erschien seine `Judenpredigt´ (1856), die auf einer eschatologischen Legende basierte, der zufolge in 300000 Jahren der Messias mit einem Schimmel über das Rote Meer kommen würde; durch den Klang von Posaunen würden alle Juden versammelt werden – wobei sich die Experten heute einig sind, dass es sich bei der Goetheschen Sprachvariante weniger um Jiddisch als viel mehr um jiddisch gefärbtes Frankfurterisch gehandelt haben dürfte. Vgl. dazu weiterführend Günter Hartung, Goethes Ansicht vom jüdischen Volk, in: ders., Juden und deutsche Literatur. Zwölf Untersuchungen seit 1979, Leipzig 2006, 61-83. Auf 82 befinden sich weiterführende Literaturangaben, vgl. dazu auch Günter Hartung, Goethe und die Juden, in: Weimarer Beiträge 40 (1994), 398-416.

7. Goethe und die Religion im Allgemeinen

Goethe korrespondierte mit den führenden Persönlichkeiten seiner Zeit und setzte sich mit ihnen inhaltlich auseinander. Zu ihnen zählten der berühmt-berüchtigte Zürcher Pfarrer und Physiognomist Johann Caspar Lavater[253] und der Philosoph, Jurist, Kaufmann und Schriftsteller Friedrich Heinrich Jacobi[254].

---

[253] Der Gegenaufklärer Johann Caspar Lavater (1741-1801) war dem Okkultismus und dem animalischen Magnetismus zugeneigt. Er glaubte unmittelbar an Wunder, hielt Geistererscheinungen für möglich und knüpfte auf der Suche nach außergewöhnlichen Erfahrungen u. a. auch Kontakte zu Exorzisten und Hochstaplern wie beispielsweise Allessandro Cagliostro (1743-1795).

[254] Friedrich Heinrich (gen. Fritz) Jacobi (1743-1819) war vielseitig begabt. Der Freimaurer entstammte einer wohlhabenden Düsseldorfer Kaufmannsfamilie. Der 25jährige Goethe hatte den sechs Jahre Älteren im Jahre 1774 bei einem Besuch auf dessen Landsitz in Pempelfort nahe Düsseldorf, dem sog. `Jacobihaus´, kennengelernt und sich mit dem Literaten angefreundet. Jacobi hielt diese Begegnung in einem Brief an Wieland fest und beschrieb Goethe als ein „ausserordentliches Geschöpf Gottes", als „ein Genie vom Scheitel bis zur Sohle, ein Besessener, dem fast in keinem Falle gestattet ist, willkürlich zu handeln..." (Friedrich Jacobi, An Wieland, Brief v. 27. August 1774, zit. nach Ernst Cassirer, Der junge Goethe II. Fünfte Vorlesung, in: ders., Nachgelassene Manuskripte, a. a. O., 199f.). Fritz Jacobi ist nicht zu verwechseln mit seinem älteren Bruder Johann Georg Jacobi (1740-1814), dem Dichter und späteren Lehrstuhlinhaber der `Schönen Wissenschaften´ im vorderösterreichischen Freiburg, der als erster Protestant in einer bis dato katholischen Universität zu deren Rektor gewählt wurde (1784) und u. a. als Mitentdecker, Förderer und Mentor Johann Peter Hebels (1760-1826) gilt. Johann Georg Jacobis Gedichte wurden u. a. von Joseph Haydn (1732-1809), Wolfgang Amadeus Mozart (1756-1791), Franz Schubert (1797-1828) und Robert Schumann (1810-1856) vertont. In der Herrenstraße 43 in Freiburg, in der der zum Hofrath ernannte Johann Georg Jacobi die letzten sieben Jahre bis zu seinem Tod verbrachte, befindet sich seit dem 4. Januar 2014 (200. Todestag) eine Gedenktafel. Ich verdanke diesen Hinweis Christoph Jacobi (Gespräch am 25. März 2018). Christoph Jacobi war es auch, der mich auf einen Ausstellungskatalog aufmerksam machte, der anlässlich des 80. Geburtstags seines Vaters Helmut Jacobi, Ururenkel von Friedrich Heinrich Jacobi, erschienen war, vgl. Bewahren durch Entsagen. Das Jacobi-Depositum im Goethe-

Zwischen Johann C. Lavater und Goethe bestand anfangs – seit Sommer 1773 – eine tiefe freundschaftliche Beziehung.[255] Später jedoch bestimmte vielleicht eine ebenso tiefe gegenseitige Abneigung ihr Verhältnis.[256] Dabei war beiden von Anfang an

---

Museum Düsseldorf. Eine Ausstellung zum 80. Geburtstag von Helmut Jacobi am 21. Juni 1991. Katalog: Kurt Christ, Forschungsstelle Jacobi-Biographie, hg. von Jörn Göres (Goethe-Museum Düsseldorf/Anton-und-Katharina-Kippenberg-Stiftung), Düsseldorf 1991. Familie Jacobi hat über 200 Jahre lang das Andenken des Urahns Fritz Jacobi bewahrt und eine Vielzahl von Briefen und Bildern in eine Stiftung eingebracht, die ihren Sitz in Düsseldorf hat. Darunter befindet sich der gesamte Handschriftenbestand (über 2000 Briefe!) vom Geheimen und Obermedizinalrat Carl Wigand Maximilian, gen. `Max´ Jacobi (1775-1858) dem jüngsten Sohn Fritz Jacobis, der Goethe einst in Weimar als Schreiber gedient und später eine Tochter Matthias Claudius´ geheiratet hatte, und von dessen Sohn Bernhard Jacobi (1801-1843, also dem Enkel Fritz Jacobis und Matthias Claudius) als Dauerleihgabe, die als Grundlage für eine noch ausstehende Fritz-Jacobi-Biographie dienen sollen.

[255] So schreibt Goethe am 7. Mai 1781, in: ders., GA 18, 587: „Wenn ich ein Quartblat von Dir sehe, ergöze ich mich iederzeit." Andernorts schreibt er in einem Brief an einen Freund in Weimar: „Lavater ist und bleibt ein einziger Mensch... Solche Wahrheit, Glauben, Liebe, Geduld, Stärke, Weisheit, Güte, Betriebsamkeit, Ganzheit, Mannigfaltigkeit, Ruhe ist weder in Israel noch unter den Heiden" (Johann Wolfgang Goethe, Leben und Welt in Briefen, a. a. O., 196).

[256] Erste erhaltene Briefe Goethes an Lavater datieren auf das Jahr 1774. Neun Jahre später, 1783, stellte Goethe die Korrespondenz ein. Goethe bezeichnete Lavater abwertend als Zürcher Prophet und wegen seines äußeren Gangs als `Kranich´, nachdem er ihm auf seiner dritten Schweizer Reise begegnet war, dieser ihn aber nicht erkannt hatte, vgl. Rüdiger Safranski, Goethe, a. a. O., 283. Ein ähnliches Verhältnis Goethes wie zu Lavater bestand zu Johann Gottfried Herder und Friedrich Heinrich Jacobi. Demgegenüber gab es eine lebenslange dauerhafte Freundschaft Goethes mit Herzog Carl August (1757-1828) und mit Karl Ludwig von Knebel (1744-1834), in späteren Jahren auch mit Carl Friedrich Zelter (1758-1832). Zelter wurde Goethes wichtigster Freund und Berater in musikalischen Fragen. Ursprünglich Maurermeister, wurde Zelter 1860 Leiter der Berliner Singakademie und trat in Goethes Blickfeld, nachdem er Goethe im Jahr 1796 Vertonungen seiner Lieder zugesandt hatte, in denen die Musik dem Text untergeordnet war, was Goethe gefiel. Insgesamt vertonte Zelter 90 Lieder. Die Korrespondenz zwischen Goethe und ihm, ab 1799 eng und persönlich, umfasst ca. 850 Briefe.

ihre unterschiedliche Denkungsart bekannt[257] – auch in religiösen Dingen.[258] Goethe stimmte nicht nur mit Lavaters Physiognomik-Lehre, also der Methode, aufgrund äußerlicher Erscheinungsbilder auf Charakteristika zu schließen und ein Urteil über den betreffenden Menschen zu fällen[259], nicht überein, sondern wehrte sich auch dagegen, ein Christusideal – einen Christuskopf – zu entwerfen, wie es Lavater mehrfach von ihm gefordert hatte.[260] Differenzen gab es im Blick auf das unterschiedliche Gottesverständnis beider: Theologie war für Lavater primär Christologie – der Glaube an Gott, der exklusiv durch den Messias Jesus von Nazareth vermittelt wurde. Ohne Jesus sei Lavater zufolge der Glaube an Gott unmöglich. So fragte Lavater, der Goethe wie andere seiner Zeitgenossen[261] missio-

---

[257] So schreibt Lavater an Wieland: „Wer kann verschiedner denken, als Goethe und ich; und dennoch lieben wir uns sehr…" (Brief v. 8./9. November, in: Goethes Gespräche, hg. v. Wolfgang Herwig, a. a. O., 1, 146).

[258] Vgl. weiterführend Johann Wolfgang Goethe, Leben und Welt in Briefen, a. a. O., 209-218: `Goethe und Lavater (1781/82). Zwei Glaubensbekenntnisse´.

[259] Überliefert ist die Anekdote einer Begegnung Lavaters „mit einem bescheidenen Manne im Reisewagen von Zürich nach Schaffhausen. Lavater liebte es, seine Kunst vor jedem Publikum zu demonstrieren. Er begann sogleich, den Mann zu kennzeichnen: Sanftmut vor allem, Eingehen auf andere Menschen, die er liebevoll zu betreuen liebt, an die Hand nimmt, sie zu geleiten… `Ich bin der Scharfrichter von Schaffhausen, zu dienen, Herr´, sagte das Gegenüber" (Richard Friedenthal, Goethe. Sein Leben und seine Zeit, FfM-Berlin-Wien 1978, 185).

[260] Zum Verhältnis Goethe/Lavater vgl. ausführlich Horst Lickert, Goethe und sein Christentum, a. a. O., 146-222. Dort befinden sich auch die Lavater-Zitate.

[261] Schon Ernst Theodor Langer (1743-1820), pietistischer Theologe und Goethes Freund aus Leipziger Zeiten, an den sich Goethe in seiner Autobiografie wegen der durch ihn erfahrenen Förderung liebevoll erinnerte (vgl.

nieren und bekehren wollte: „Laß mich fragen – u. antworte mir: Wie kannst Eine Gottheit glauben, wenn du nicht an Christum glaubst?"[262] Für Lavater war Jesus der einzige und ausschließliche Weg zu Gott, der Sohn Gottes: Ganz ähnlich pietistischer Frömmigkeit, kam beim Gläubigen mittels Jesus eine gefühlsbetonte persönliche Gottesbeziehung zustande. Im Unterschied dazu war Jesus für Goethe nicht – wie bei den Pietisten – primär der Erlöser, sondern vor allem ein vorbildlicher Mensch, „ein Genie des Herzens und der Hingabe, aber kein Gott ... Ein Mensch also, mehr nicht. Goethe zweifelt nicht daran, daß er historisch existiert hat."[263] Anders gesagt: „Die Erlösung durch das Kreuz ersetzt Goethe durch sein Ideal der neuen Humanität, die sich für ihn im tätigen Leben zeigt."[264] Jesus war für

---

Goethe, Dichtung und Wahrheit, in: ders., HA 9, Autobiographische Schriften I, II, 8, 333ff.), hatte mit Goethe zahllose Gespräche auch über die Religion geführt und versucht, diesen für die Herrnhuter Bewegung zu begeistern. Vermutlich in Abgrenzung zu dieser äußerte er am 24.11.1768: „Freylich binn ich mit allem dem kein Christ..." (Goethe, zit. nach K. O. Conrady, a. a. O., 77). Anders dagegen Herder, der als lutherischer Theologe zwar religiös, nicht aber ein frommer Eiferer war. „Für Herder war der Mensch ein geistbeseeltes Wesen, und dieser Geist galt ihm als innere Natur des Menschen und zugleich als lebendiges Prinzip der übrigen Natur. Das gefiel dem jungen Goethe besser als die pietistische Gotteskindschaft und die herrnhuterische Jesusfrömmigkeit. (...) Er schätzte den inspirierten Individualismus auch in Glaubensdingen..." (Rüdiger Safranski, Goethe, a. a. O., 87).
[262] Lavater an Goethe, 1774, zit. nach Lickert, Goethe und sein Christentum, a. a. O., 172.
[263] Rüdiger Safranski, Goethe, a. a. O., 280.
[264] Horst Jesse, Erkenntnis des Göttlichen oder Bekenntnis zu Jesus Christus, a. a. O., 553. Jesse erinnert daran, dass Goethe sich bei seiner Trauung mit Christiane Vulpius 1810 in der Weimarer Kirche am Kruzifix in der Sakristei störte. Für Goethe war das Kreuz ein „leidiges Marterholz".

Goethe eine sittliche Person, die `göttliche Offenbarung des höchsten Prinzips der Sittlichkeit´.[265] Lavaters religiöse Penetranz und seine Attitude, ihm das Christsein abzusprechen, stießen Goethe ab.[266] In einem Brief schrieb er einmal: „Lieber... Du redest mit mir als einem Ungläubigen, der begreifen will, der bewiesen haben will, der nicht erfahren hat. Und von all dem ist gerade das Gegenteil in meinem Herzen... Und daß Du mich immer mit Zeugnissen packen willst! Wozu das? Brauch´ ich Zeugnis, daß

---

[265] Eckermann hielt eine Äußerung Goethes in seinem Todesjahr fest: „In den Evangelien sei der Abglanz einer Hoheit wirksam, der von der Person Christi ausging und die so göttliche Offenbarung des höchsten Prinzips der Sittlichkeit. Fragt man mich, ob es in meiner Natur sei, ihm anbetend Ehrfurcht zu erweisen, so sage ich: Durchaus! Ich beuge mich vor ihm als der göttlichen Offenbarung des höchsten Prinzips der Sittlichkeit. Fragt man mich, ob es in meiner Natur sei, die Sonne zu verehren, so sage ich abermals: Durchaus! Denn sie ist gleichfalls Offenbarung des Höchsten, und zwar die mächtigste, die uns Erdenkinder wahrzunehmen vergönnt ist. Ich anbete in ihr das Licht und die zeugende Kraft Gottes, wodurch allein wir leben, weben und sind, und alle Pflanzen und Tiere mit uns" (Goethe, Gespräche mit Eckermann, 11.3.1832, hier zitiert nach Horst Jesse, Erkenntnis des Göttlichen oder Bekenntnis zu Jesus Christus, a. a. O., 553). Jesse hält fest, dass Goethe hier gemäß Acta 17 argumentiert.
[266] Ganz ähnlich schreibt später Heinrich Heine in einer „autobiografischen Skizze" von 1835: „... der Protestantismus war mir nicht bloß eine liberale Religion, sondern auch der Ausgangspunkt der deutschen Revolution, und ich gehörte der lutherischen Konfession nicht nur durch den Taufakt an, sondern auch durch eine Kampfeslust, die mich an den Schlachten dieser Ecclesia militans teilnehmen ließ. Aber während ich die sozialen Interessen des Protestantismus verteidigte, habe ich aus meinen pantheistischen Sympathien niemals einen Hehl gemacht. Deshalb bin ich des Atheismus beschuldigt worden" (Heinrich Heine, Autobiographische Skizze, in: ders., Sämtliche Werke 3, a. a. O., 168-170, Zitat auf 170). Vgl. dazu auch Heinrich Heine, Geständnisse, in: ders., Sämtliche Werke 3, a. a. O., 358-412, bes. 399, wo Heine u. a. seine „kampfeslustige Parteinahme für den Protestantismus justifiziert" (ebda.). Vgl. dagegen die spezielle Interpretation von Rüdiger Safranski, Goethe, a. a. O., 275-278, der hier u. a. Goethes Gottesbegriff mit einer Schicksalsmacht gleichsetzt, ähnlich dem Daimonion des Sokrates.

ich bin? Zeugnis, daß ich fühle? Nur so schätz, lieb, bet´ ich die Zeugnisse an, die mir darlegen, wie tausende oder einer vor mir eben das gefühlt haben, das mich kräftiget und stärket. Und so ist das Wort der Menschen mir Gottes Wort – es mögen Pfaffen oder Huren gesammelt und zum Canon gerollt oder als Fragmente hingestreut haben. Und mit inniger Seele fall ich dem Bruder um den Hals. Moses! Prophet! Evangelist! Apostel, Spinoza oder Machiavell. Darf aber auch zu Jedem sagen, lieber Freund geht dirs doch wie mir. Im einzelnen sentirst du kräftig und herrlich – das Ganze ging in euern Kopf so wenig als in meinen."[267] Goethe hat zu drastischen Worten gegriffen, um einem Irrationalisten, wie Lavater es war, Paroli zu bieten. Dessen Wunderglauben setzte Goethe „unser entschiedenes Heidentum"[268] entgegen. Dieser antwortete auf Goethes Ausspruch mit dem Bekenntnis zu Jesus Christus als dem Messias. Goethe *suchte* keine Demonstration für seinen Glauben und er *brauchte* keine Demonstration – genau so wenig wie ein einmaliges irrationales religiöses Erlebnis. In `Dichtung und Wahrheit´ hielt er fest: „Der Begriff von der Menschheit, der sich in ihm [sc.: Lavater, TOHK] und an seiner Menschheit herangebildet hatte, war genau

---

[267] Goethe: An Johann Kaspar Lavater und Johann Konrad Pfenninger v. 26. April 1774, in: ders., WA 4, 2, 155-156, Zitat auf 156.
[268] Goethe an Fritz Jacobi, Brief v. 7.7.1793.

mit der Vorstellung verwandt, die er von Christo lebendig in sich trug, dass es ihm unbegreiflich schien, wie ein Mensch leben und atmen könne, ohne zugleich ein Christ zu sein. Mein Verhalten zu der christlichen Religion lag bloß in Sinn und Gemüt, und ich hatte von jener physischen Verwandtschaft, zu welcher Lavater sich hinneigte, nicht den mindesten Begriff. Ärgerlich war mir daher die heftige Zudringlichkeit eines so geist- als herzvollen Mannes, mit der er auf mich sowie auf Mendelssohn und andere losging, und behauptete, man müsse entweder mit ihm ein Christ, ein Christ nach seiner Art werden, oder man müsse ihn zu sich hinüberziehen, man müsse ihn gleichfalls von demjenigen überzeugen, worin man seine Beruhigung finde. Diese Forderung, so unmittelbar dem liberalen Weltsinn, zu dem ich mich nach und nach auch bekannte, entgegen stehend, tat auf mich nicht die beste Wirkung. Alle Bekehrungsversuche, wenn sie nicht gelingen, machen denjenigen, den man zum Proselyten aussah, starr und verstockt, und dieses war um so mehr mein Fall, als Lavater zuletzt mit dem harten Dilemma hervortrat: Entweder Christ oder Atheist. Ich erklärte darauf, daß, wenn er mir mein Christentum nicht lassen wollte, wie ich es bisher gehegt hätte, so könnte ich mich wohl zum Atheismus entschließen, zumal da ich sähe, dass niemand recht wisse, was beides eigentlich heißen solle."[269] Goethe hielt in einem Brief vom August 1782 an Lavater die Differenz *zwischen* beiden im Blick auf ihr Bibelverständnis fest: „Du hältst das Evangelium wie es steht für die göttlichste Wahrheit, *mich* würde eine vernehmliche Stimme vom Himmel nicht überzeugen, daß das Wasser brennt und das Feuer löscht, daß ein Weib ohne Mann gebiert, und daß ein Todter aufersteht..."[270] Die Freundschaft zwischen Goethe und Lavater war zu diesem Zeitpunkt schon in einer tiefen Krise. Auf diesem Hintergrund ist die despektierlich-aggressive Haltung Goethes besser zu verstehen. Goethe wandte sich vehement gegen Lavaters Dogmatisierungen, die ihm als übernatürlich verklärt erschienen oder mit widernatürlichem Wahrheitsanspruch auftraten, insbesondere gegen seine dogmatische Überhöhung der Christologie. Gero von Wilpert[271] resümiert: „Die

---

[269] Goethe, Dichtung und Wahrheit, in: ders., HA 10, Autobiographische Schriften II, III, 14, 15f. Gemeint ist hier Moses Mendelssohn, den Lavater 1770 öffentlich aufgefordert hatte, entweder das Christentum zu widerlegen oder selbst Christ zu werden. Dies führte zu einer öffentlichen Debatte zwischen beiden, die von der geduldeten jüdischen Minderheit angesichts der christlichen Mehrheit in der Gesellschaft aufmerksam wahrgenommen wurde. Im Zuge dieser Auseinandersetzungen kollabierte Mendelssohn 1771 körperlich und seelisch. Der Begriff `Proselyt´ (griech.: προσήλυτος = `Hinzugekommener´) bezeichnete ursprünglich einen zum Judentum Übergetretenen; später stand er mit pejorativer Konnotation für eine Abwerbung Gläubiger ohne innere Bekehrung, vielmehr unter Zwang, Versprechungen oder materiellen Vergünstigungen.
[270] Goethe an Lavater, 9. August 1782, in: ders., GA 18, 686 und ders., FA II, 2, 440f.
[271] Der einflussreiche Literaturwissenschaftler und Goethe-Experte Gero von Wilpert (1933-2009) arbeitete nach seinem nicht abgeschlossenen Studium der Literaturwissenschaft, Klassischen Philologie und Philosophie in Heidel-

Freundschaft mit Johann Caspar Lavater zerbrach an dessen christlicher Schwärmerei und seiner Bekehrungssucht."[272] Allerdings, so kann man festhalten, schärfte Goethe seinen eigenen Glauben an den religiösen Ansichten Lavaters und gelangte u. a. dadurch zum schöpfungstheologischen Gottesbegriff und zum Verständnis Jesu als sittlicher Person.

In `Dichtung und Wahrheit´ bekannte sich Goethe, religiösen Dingen ansonsten eher Zurückhaltung übend[273], offen zu Baruch Spinoza[274]. Spinoza „machte mich zu seinem leidenschaftlichstem Schü-

---

berg von 1957 bis 1972 als Lektor beim Alfred-Kröner-Verlag in Stuttgart. Bereits im Studium hatte er das ca. tausendseitige `Sachwörterbuch der Literatur´ verfasst, das bis 2001 in acht Auflagen erschien und Generationen von Philologiestudierenden begleitete. In Sydney holte er seine Dissertation nach und wurde dann dort Professor für deutsche Literaturwissenschaft.

[272] Gero von Wilpert, Goethe: Die 101 wichtigsten Fragen, a. a. O., 84. Wilpert schildert in seinem auf Fakten beruhenden Buch Goethe als Genie, mit `blind spots´ in Bildender Kunst und Musik. Er zeichnet ihn als pedantischen, geizigen Egoisten, der großen Wert auf vornehme Kleidung und üppige Mahlzeiten legte und der zwanzig Prozent seines Einkommens in teuren Wein investierte (eine Flasche Rotwein mittags war die Regel!).

[273] Vgl. Johann Friedrich Rochlitz (1769-1842), Schriftsteller und Weimarer Hofrat, der festhielt, dass Goethe „Gespräche, die sich ins Übersinnliche richteten", ablehnte oder sich aus ihnen zurückzog (Johann Friedrich Rochlitz, Anmerkung, in: Goethes Gespräche, hg. v. W. Herwig, a. a. O., 2, 874).

[274] Ob Goethe Spinozist war, wird genau wie das Thema `Goethe und die Religion´ in der Sekundärliteratur kontrovers diskutiert. Für Spinoza war Gott „die unendliche, substantiell in ihren Eigenschaften konstante, einheitliche und ewige Substanz" (https://de.wikipedia.org/wiki/Baruch_de_Spinoza", aufgerufen am 15. April 2018). Der Mensch sei in der Lage, die Geheimnisse der Natur zu erklären und Gott adäquat zu erkennen. Wegen seiner Zweifel an zentralen Lehren des jüdischen Glaubens wurde er von der Amsterdamer Synagoge ausgeschlossen und gebannt. Er gilt bis heute trotz vieler Rehabilitationsversuche als Ketzer.

ler, zu seinem entschiedensten Verehrer.“[275] Über Spinozas Pantheismus, demzufolge sich Gott in der Natur offenbarte, fand Goethe ab 1773 ein neues Verhältnis zur Religion, genauer gesagt: Er fand zu einer Naturfrömmigkeit und zu einer Diesseitsfrömmigkeit[276], die nicht unterschiedlicher zu Lavater sein konnte.[277] „Für Spinoza ist Gott das allgemeine Wesen, der allgemeine Grund alles Seienden. Ausdehnung und Denken, Materie und Geist..., alle Dinge und Ideen sind für ihn Bestandteile, Modifikationen *einer* Substanz, der göttlichen. Folglich haben die Einzeldinge ihren Grund nicht in sich selbst, sondern in jener Substanz. Nur diese, Gott, hat den Grund in sich selbst (ist *causa sui*). Alles übrige Seiende gehört damit zum Wesen der Substanz, die sich in ihnen äußert.“[278] Wie Spinoza, so verehrte Goethe das ungreifbare Höhere, die höhere Realität, als Ordnungsmacht in der Welt. Er war über-

---

[275] Vgl. Weiterführend Hans-Georg Gadamer, Goethe und die Philosophie (Humboldt Bücherei Bd. 3), Leipzig 1947.

[276] Für die Hermeneutik ergab sich bei Spinoza, dass „die Methode der Schrifterklärung sich in nichts von der Methode der Naturerklärung unterscheidet, sondern vollkommen mit ihr übereinstimmt“ (Baruch de Spinoza, Von der Auslegung der Schrift, in: Hans-Georg Gadamer/Gottfried Boehm [Hg.], Seminar: Philosophische Hermeneutik, a. a. O., 53-61, Zitat auf 53).

[277] Vgl. dazu auch Rüdiger Safranski, Goethe, a. a. O., 287-300.

[278] Karl Otto Conrady, Goethe, a. a. O., 223. Unübertroffen sind Heines Ausführungen über Spinoza und den Pantheismus, zu finden bei Heinrich Heine, Der Salon 1, in: ders., Sämtliche Werke, Bd. 2, a. a. O., bes. 559-566. Heine bezeichnet den Pantheismus als „die verborgene Religion Deutschlands“ (566), „die Religion unserer größten Denker, unserer besten Künstler, und der Deismus... erhält sich [in Deutschland] nur noch in der gedankenlosen Masse, ohne vernünftige Berechtigung...“ (ebda.).

zeugt vom gesetzmäßigen Wirken und vom schöpferischen Prinzip der in der Welt waltenden göttlichen hohen Macht: Gott *war die Natur* und *war in der Natur*.[279] Welt und Natur wurden nicht christologisch, sondern schöpfungstheologisch interpretiert – Gott wurde mit in die Welt hineingenommen.[280] Noch Jahre später bekannte sich Goethe zu Spinoza[281], vor allem gegenüber seinem `Sparringspartner´ Fritz Jacobi[282], der Goethe einst zum Stu-

---

[279] Vgl. Goethe, FA I, 2, 523; ders., FA I, 17, 246, und ders., FA I, 22, 352. Bis heute streiten sich die Gelehrten darüber, ob Goethe auf seiner Suche nach der `echten Religion´ die Natur religiös verehrte (Pantheismus) oder ob er ein aufklärerisches modernes Christentum vertrat. Jörg Lauster hat darauf hingewiesen, dass sich in Nordamerika der Philosoph, Schriftsteller, Sklavereigegner und Unitarier Ralph Waldo Emerson (1803-1882) auf Goethe berief, „um ein neues religiöses Verständnis der Natur auszubilden, das sich nicht in den engen Bahnen traditioneller Kirchlichkeit bewegen musste" (Jörg Lauster, Die Verzauberung der Welt, a. a. O., 494). Emerson sah in der Natur die wahre Quelle der göttlichen Offenbarung.

[280] In der Natur glaubte Goethe das Göttliche anschauen zu können, sie war für Goethe die eigentliche und höchste Manifestation des Göttlichen. Dadurch war Goethes Religion wesentlich Naturreligion, nicht Geschichtsreligion wie bei Herder und Lessing (der mit seiner These von der göttlichen Erziehung des Menschengeschlechts die Menschheit langsam auf eine höhere sittlich-religiöse Stufe heben wollte). „Die allgemeine, die natürliche Religion bedarf eigentlich keines Glaubens: denn die Überzeugung, daß ein großes, hervorbringendes, ordnendes und leitendes Wesen sich gleichsam hinter der Natur verberge, um sich uns faßlich zu machen, eine solche Überzeugung dringt sich einem jedem auf..." (Goethe, Dichtung und Wahrheit, in: ders., HA 9, Autobiographische Schriften I, I, 4, 138).

[281] Gegen Jacobi hatte Goethe geschrieben: „Jacobi wußte und wollte gar nichts von der Natur, ja er sprach deutlich aus: sie verberge ihm seinen Gott. Nun glaubt er mir [...] triumphierend bewiesen zu haben, daß es keine Naturphilosophie gebe, ja als wenn die Außenwelt dem, der Augen hat, nicht überall die geheimsten Gesetze täglich und nächtlich offenbarte? In dieser Consequenz des unendlich Mannigfaltigen sehe ich Gottes Handschrift am allerdeutlichsten. Da lobe ich mir unsern Dante, der uns doch erlaubt, um [die Naturphilophie als] Gottes Enkelin zu werben" (Goethe, WA 1, Bd. 42/2, 85).

[282] Mit Friedrich Heinrich Jacobi verband Goethe eine Art `Hassliebe´: Als Jacobis Buch `Woldemar´ herauskam, kletterte Goethe der Legende nach auf

dium des jüdischen Philosophen angeregt hatte. Jacobi vertrat allerdings genau *das* philosophische Gegenmodell zu Spinoza: „Am 9. Juni 1785 hat sich Goethe in einem Brief aus dem Bergbaustädtchen Ilmenau an (und gegen) Friedrich Heinrich Jacobi zur Lehre Spinozas bekannt. Der, hieß es, beweise gar `nicht das Daseyn Gottes, [vielmehr lehre er:] das Daseyn ist Gott. Und wenn ihn andre deshalb Atheum [einen Gottesleugner] schelten, so mögte ich ihn theissimum ia christianissimum [einen ganz gottgerichteten, ja höchst christlichen Denker] nennen und preisen."[283] Spinoza, dessen Grundthese `Deus sive natura´, d. h. `Gott oder Natur´, war und alles Körperlich-Stoffliche und alles Geistige als Attribute Gottes umfasste, war besonders für Goethe, *den Naturwissenschaftler*, der das Ganze in den Blick nehmen wollte, interessant. Bekanntlich war Goethe einer der Letzten, der versuchte, „den ganzen Bereich des Wissens und Forschens zusammenzufassen. An alledem hat er teilgenommen, auf seine eigne Weise, mit seinem eignen Glauben an eine Gott-Natur und an ein Weiterleben seines eignen mächtigen Wesens, dessen Ende er sich nicht

---

eine Eiche und nagelte das Widmungsexemplar an einen Ast. Daraufhin machte sofort das Gerücht von der `Kreuzigung Jacobis´ die Runde und es herrschte erst einmal eine Zeitlang Funkstille zwischen den beiden Freunden, vgl. Rüdiger Safranski, Goethe, a. a. O., 268, und Bewahren durch Entsagen. Das Jacobi-Depositum im Goethe-Museum Düsseldorf, a. a. O., 83.
[283] Albrecht Schöne, Schillers Schädel, München ²2002, 63.

durch den Tod vorstellen konnte."[284] Allerdings war für Goethe evident, dass das Unendliche von Menschen nicht gedacht werden kann, das Ewige, Jenseitige dem menschlichen Zugriff komplett entzogen ist; daher hat er auf jegliche spekulative Auseinandersetzung mit dem Metaphysischen verzichtet: „Nach drüben ist die Aussicht uns verrannt…"[285] Fritz Jacobi antwortete Goethe, nachdem dieser ihm seine Schrift ʿÜber die Lehre des Spinozaʾ[286] geschickt hatte: „Vergieb mir daß ich so gerne schweige wenn von einem göttlichen Wesen die Rede ist, das ich nur in und aus den rebus singularibus [einzelnen Dingen] erkenne, zu deren nähern und tiefern Betrachtung niemand mehr aufmuntern kann als Spinoza selbst, obgleich vor seinem Blicke alle

---

[284] Richard Friedenthal, Goethe. Sein Leben und seine Zeit, FfM-Berlin-Wien 1978, 9.
[285] Goethe, Faust II, v11442.
[286] Gemeint ist Friedrich Heinrich Jacobis Werk ʿÜber die Lehre des Spinoza in Briefen an den Herrn Moses Mendelssohnʾ von 1785. Jacobi hatte 1780 ein Gespräch mit Lessing über Probleme des Spinozismus geführt, um sich von Lessing in seiner Ablehnung gegen den Spinozismus bestärken zu lassen. Zu seinem Erstaunen aber hielt er Lessing nach dem Gespräch für einen überzeugen Spinozisten, wobei Spinozismus mit Gottlosigkeit gleichgesetzt wurde. Das Gespräch wurde dann fünf Jahre später von Jacobi veröffentlicht; auch Goethe erwähnt es in ʿDichtung und Wahrheitʾ. Es ging als Pantheismusstreit in die Geschichte ein: Jacobi vertrat dabei die These, dass der Spinozismus die konsequenteste Erscheinungsform des Pantheismus sei – als konsequenter Rationalismus sei er der Sache nach Atheismus. Wie Lessing, Moses Mendelssohn und Herder hielt Goethe den Pantheismus für eine legitime religiöse Auffassung. Vgl. dazu digital zugänglich: Die Hauptschriften zum Pantheismusstreit zwischen Jacobi und Mendelssohn, hg. und mit einer historisch-kritischen Einleitung versehen von Heinrich Scholz, Berlin 1916, Kamen 2004 (https://archive.org/details/diehauptschrifte00jaco, aufgerufen am 15. März 2018).

einzelnen Dinge zu verschwinden scheinen. [...] Hier bin ich auf und unter Bergen, suche das Göttliche in herbis et lapidibus [Pflanzen und Steinen].“[287] Jacobi, ein feiner und gebildeter Herr[288], mit dem Goethe insgesamt vierzig Jahre lang bekannt war und sich einige geistige Schlachten lieferte, kritisierte Spinoza und eine jegliche Form von Rationalismus.[289] Jacobi vertrat stattdessen in seinen Gelegenheitsarbeiten, meist in Brief-, Gesprächs- oder Romanform verfasst, einen moralischen Sensualismus: Physisches Empfinden sei der Ursprung allen Denkens und Handelns und die Kategorie der Erfahrung wichtig. Im Anschluss an Francis Hutcheson[290] und Adam Smith[291], die den angeborenen Sinn für Moral zum Maßstab in sittlichen Dingen machten, stand im Zentrum von Jacobis Moralphilo-

---

[287] Brief Goethes an Friedrich Heinrich Jacobi v. 9.6.1785, zit. nach Karl Otto Conrady, Goethe, a. a. O., 395f.

[288] Für Heinrich Heine war Jacobi „nichts als ein zänkischer Schleicher, der sich in dem Mantel der Philosophie vermummte und sich bei den Philosophen einschlich, ihnen erst viel von seiner Liebe und weichem Gemüte vorwimmerte und dann auf die Vernunft losschmähte" (Heinrich Heine, Der Salon 1, in: ders., Sämtliche Werke, Bd. 2, a. a. O., 566). Spottend nannte er ihn „das alte Weib Jacobi" (567).

[289] Vgl. dazu Dieter Henrich, Die Anfänge der Theorie des Subjekts (1789), in: Zwischenbetrachtungen. Im Prozeß der Aufklärung, hg. von Axel Honneth, Thomas McCarthy, Claus Offe und Albrecht Wellmer (FS für Jürgen Habermas), FfM 1989, 106-170, bes. 123-126+159-170, der Jacobis Denkimpuls unter dem Aspekt der Theorie des Subjektes entsprechend würdigt.

[290] Francis Hutcheson (1694-1746) war ein irischer Philosoph, der als der Begründer der schottischen Aufklärung gilt.

[291] Adam Smith (1723-1790), schottischer Moralphilosoph und Aufklärer, gilt als der Begründer der klassischen Nationalökonomie. Sein Buch `Wohlstand der Nationen´ (engl.: `The Wealth of Nations´, 1776), heute ein Klassiker der Nationalökonomie, war wegweisend.

sophie `die schöne Seele´. Der Sensualismus war eng verbunden mit dem Empirismus und dem Utilitarismus. Jacobi zählte wie Goethe zu den Kritikern der französischen Revolution; er hielt sie für die politische Entsprechung eines `Nihilismus´ rationalistischer Philosophen. Von daher gesehen war er auch ein scharfer Gegner Spinozas: Jacobi zufolge müsse die Philosophie, wolle sie Gott, das Unendliche, mit ihrem endlichen Verstand erfassen, ihn zu einem Endlichen herabsetzen. Von daher sei die Philosophie nicht in der Lage, das Dasein Gottes zu erfassen, und führe deshalb unausweichlich zu Fatalismus und Atheismus.[292] Die pantheistische Philosophie schließe Gott aus – entweder sei Gott personal oder er könne nicht existieren. Eine menschliche Gotteserkenntnis sei Jacobi zufolge nur durch eine metaphysische Empfindung, die er das Gemüt nannte, nicht jedoch durch rationalistische Beweise möglich. Die philosophische Vernunft vermochte Jacobi zufolge in keinem Fall das Göttliche zu erkennen. Ein `Sprung in den Glauben´ sei deshalb erforderlich – das Element allen menschlichen Er-

---

[292] Heinrich Heine schreibt dazu: „Benedikt Spinoza lehrt: Es gibt nur eine Substanz, das ist Gott. Diese eine Substanz ist unendlich, sie ist absolut. Alle endlichen Substanzen derivieren von ihr, sind in ihr enthalten, tauchen in ihr auf, tauchen in ihr unter... Nur Unverstand und Böswilligkeit konnten dieser Lehre das Beiwort `atheistisch´ beilegen" (Heinrich Heine, Der Salon 1, in: ders., Sämtliche Werke, Bd. 2, a. a. O., 561).

kennens und Handelns.[293] Jacobi, ebenfalls ein scharfer Kritiker der `Kritik der reinen Vernunft´ Immanuel Kants[294], erhob nachdrücklich die Intuition und den Glauben zur letzten Instanz.

Goethe aber verstand sich nicht ausschließlich als Pantheist.[295] Er lehnte es entschieden ab, wenn

[293] Später spricht der dänisch-protestantische Philosoph, Essayist, Theologe und Schriftsteller Søren Kierkegaard (1813-1855), starker Verfechter des Wesens des Christentums gegenüber dessen Erscheinung und einer der Wegbereiter des Existentialismus, davon, den `Sprung in den Glauben´ zu wagen: Der Mensch könne nicht rational zu Gott gelangen und deshalb habe sich Gott in Christus offenbart und damit zu erkennen gegeben. Das Paradox, dass damit Gott zugleich Gott und Mensch sei, sei für den Menschen nicht miteinander zu vereinbaren und deshalb bliebe ihm nur der `Sprung in den Glauben´. Kierkegaard-Experte Michael Theunissen (1932-2015) schrieb über den unorthodoxen Gottesbegriff des Philosophen der Angst, des Ernstes und der Verzweiflung: „Der Begriff eines Glaubens, der darauf vertraut, daß alles möglich ist, erschließt allererst den genaueren Sinn der Substitution des Ewigen durch das Rettende. Es zielt auf den genuinen Jesus-Glauben, auf den, welchen Jesus selbst hatte, das Vorbild des Glaubens *an* Jesus als Christus. Aus dem an sich biblischen und insofern orthodoxen Glaubensbegriff entwickelt Kierkegaard... eine ganz unorthodoxe Idee von Gott. (...) Wenn... Gott allein das Rettende ist, dann ist in allem Rettendem Gott" (Michael Theunissen, Der Begriff Verzweiflung. ·Korrekturen an Kierkegaard (stw 1062), FfM 1993, 112). Jürgen Habermas zufolge betont Kierkegaard, „dass wir von Gott keinen konsistenten Begriff bilden können... Die Kluft zwischen Wissen und Glauben kann denkend nicht überbrückt werden" (Jürgen Habermas, Die Zukunft der menschlichen Natur. Auf dem Weg zu einer liberalen Eugenik?, FfM 2001, 24f.).
[294] Immanuel Kant (1724-1804) gilt als *der* Philosoph der deutschen Aufklärung und seine `Kritik der reinen Vernunft´ (1781), sein erkenntnistheoretisches Hauptwerk, läutet bekanntlich die Moderne in der Philosophie ein. Kant lieferte 1784 in einem Essay – als Antwort auf die Frage des Freimaurers und aufgeklärten protestantischen Pfarrers Johann Friedrich Zöllner (1753-1804) – eine bis heute klassische Definition von Aufklärung: „Aufklärung ist der Ausgang des Menschen aus seiner selbst verschuldeten Unmündigkeit. (...) Sapere aude! Habe Mut dich deines eigenen Verstandes zu bedienen! Ist also der Wahlspruch der Aufklärung" (Immanuel Kant, Was ist Aufklärung, zit. nach http://gutenberg.spiegel.de/buch/-3505/1, aufgerufen am 15. April 2018).
[295] Anders als Heinrich Heine: Dieser hatte 1847, in einer Zeit fortgeschrittenen Siechtums in seiner Pariser „Matratzengruft" (Heinrich Heine, Romanzero, in: ders., Sämtliche Werke, a. a. O., Bd. 1, 645), sehr zum Leide des „Klerus

Zeitgenossen seine religiöse Anschauung irgendwie in eine philosophische Schule einordnen wollten.[296] An Fritz Jacobi schrieb er: „Ich für mich kann bei den mannigfachen Richtungen meines Wesens nicht an einer Denkrichtung genug haben: als Dichter und Künstler bin ich Polytheist, Pantheist hingegen als Naturforscher, und eines so entschieden als das andere. Bedarf ich eines Gottes für meine Persönlichkeit als sittlicher Mensch, so ist dafür auch schon gesorgt."[297] Am 9. Juni 1785 hielt er in einem Schreiben an Jacobi fest: „Du erkennst die höchste Realität an, welche der Grund des ganzen Spinozismus ist, worauf alles Übrige ruht, woraus alles Übrige fließt. Er beweist nicht das Daseyn Gottes, das Daseyn ist Gott. Und wenn ihn andere deshalb

---

des Atheismus" (a. a. O., 647), Frieden mit dem lieben Gott geschlossen und war zu ihm heimgekehrt. Doch nicht zum Pantheismus: „Auf meinem Wege fand ich den Gott der Pantheisten, aber ich konnte ihn nicht gebrauchen. Dies arme träumerische Wesen ist mit der Welt verwebt und verwachsen, gleichsam in ihr eingekerkert, und gähnt dich an, willenlos und ohnmächtig" (H. Heine, Romanzero, in: ders., Sämtliche Werke, a. a. O., Bd. 1, 647). Die Pantheisten bezeichnete Heine als „verschämte Atheisten" (a. a. O., 648). Er hatte zu einem außerweltlichen personalen Gott zurückgefunden, dessen Attribute „die Allgüte, die Allweisheit, die Allgerechtigkeit..." (647) waren, was die Unsterblichkeit der Seele, „unsere Fortdauer nach dem Tode" (647) nach sich zog.

[296] Der US-amerikanische Unitarier, Schriftsteller und Philosoph Ralph Waldo Emerson (1803-1882) bezog sich in seiner Neuinterpretation der Natur als wahrer Quelle göttlicher Offenbarung, mit der der Mensch in Einklang leben sollte, auf Goethe: Die schöpferische Tätigkeit des Menschen sei Motor für die Freiheit und Selbstbestimmung des Menschen, in dessen Innerem das Göttliche wohne. Emerson war ein dezidierter Gegner der Sklaverei und stand in intellektuellem Kontakt mit Abraham Lincoln (1809-1865).

[297] Goethe, An Jacobi, Brief vom 6. Januar 1813, in: ders., WA 4, 23, 226 und 484. Der Brief ist auch abgedruckt in: Johann Wolfgang Goethe, Leben und Welt in Briefen, a. a. O., 122f.

Atheum schelten, so möchte ich ihn *theissimum*, ja *christianissimum* nennen und preisen."[298] Doch ähnlich wie Goethes Beziehung zu Lavater, so ging auch die Beziehung zu Jacobi in die Brüche und die beiden Denker entfremdeten sich mit den Jahren immer mehr voneinander.[299]

---

[298] Goethe, zit. nach Konrad Cramer, „Anschauung des Universums". Schleiermacher und Spinoza, in: Ulrich Barth/Claus-Dieter Osthövener (Hg.), 200 Jahre „Reden über die Religion". Akten des 1. Internationalen Kongresses der Schleiermacher-Gesellschaft, Halle 14.-17. März 1999, Berlin-New York 2000, 118-141, Zitat auf 119.
[299] Gegen Jacobis systematisches Hauptwerk `Von den göttlichen Dingen und ihrer Offenbarung´ veröffentlichte Goethe das Gedicht `Groß ist die Diana der Epheser´, in: ders., WA 2, 195f.

8. Goethe und die letzten Dinge

Goethe hatte bekanntlich ein äußerst negatives Verhältnis zu Krankheit, Sterben und Tod. Er war ein Freund des Lebens: „`Die Paraden des Todes sind nicht das, was ich liebe´, pflegte er zu sagen, doch um so mehr die Paraden des Lebens."[300] In seinem Werk kann man vereinzelt herauslesen, wie sehr er den Tod gehasst und das Leben geliebt hat, beispielsweise im `Faust´[301] oder im `Wilhelm Meister´[302]. Der Dichter, der zwar von Selbstmord selbst nichts gehalten und ihn als „etwas Unnatürliches"[303] bezeichnet hat, der aber den Suizid, mit dem er in

---

[300] Johann Wolfgang von Goethe, zit. nach Rüdiger Safranski, Goethe, a. a. O., 639. Bei Conrady lautet das Zitat anders: „Ich habe mich wohl in acht genommen, weder Herder, Schiller, noch die verwitwete Herzogin Amalia im Sarge zu sehen. Der Tod ist ein sehr mittelmäßiger Porträtmaler. [...] Die Paraden im Tode sind nicht das, was ich liebe..." (Karl Otto Conrady, Goethe, a. a. O., 767).

[301] Es gibt verschiedene Stellen im `Faust´, den Heine einst „die weltliche Bibel der Deutschen" (H. Heine, Die romantische Schule, in: ders., Sämtliche Werke 3, a. a. O., 39) genannt hat, die man dazu heranziehen könnte. So zum Beispiel die Aussage des Mephisto: „Am meisten lieb ich mir die vollen, frischen Wangen./Für einen Leichnam bin ich nicht zu Haus" (Goethe, Faust, v320f., in: ders., HA 3, Dramatische Dichtungen I, 18). Die Kindsmörderin Susanna Margaretha Brandt (1746-1772), eine Frankfurter Magd, die ihr Neugeborenes getötet hatte und dafür zum Tode verurteilt und hingerichtet worden war, war das historische Vorbild von Goethes Gretchen. Das Letzte, was der sterbende Faust hört, ist keine menschliche Stimme, sondern „das Geklirr der Spaten" (Goethe, Faust, v11539, in: ders., HA 3, Dramatische Dichtungen I, 347) – kein sehr wohliges Geräusch.

[302] „Gedenke zu leben!", lautete die Maxime in Goethes Roman `Wilhelm Meisters Lehrjahre´ (1795/96), der bis heute als Musterbeispiel für die Gattung des klassischen Bildungsromans gilt, vgl. Goethe, Wilhelm Meisters Lehrjahre, in: ders., HA 7, Romane und Novellen II, VIII, 5, 540.

[303] Goethe, Dichtung und Wahrheit, in: ders., HA 9, Autobiographische Schriften I, III, 13, 584.

seinem Bekanntenkreis[304] mehrfach konfrontiert worden war, in mehreren seiner Werke thematisiert hatte[305], bejahte das Leben, wollte von Krankheiten nichts wissen[306] und zollte dem Tod keinerlei Respekt. Seinen Bekannten war das bekannt: Seine Freundin Charlotte von Stein[307], die am 6. Januar

---

[304] Suizid begingen aus Goethes Umfeld u. a. sein Jugendfreund Johann Heinrich Merck (1741-1791), seine Dichterkollegin Karoline von Günderode (1780-1806) und Christiane von Laßberg (1761/62-1778).

[305] Bekanntlich wurde Goethe 1774 durch sein Drama `Die Leiden des jungen Werther´, das seine Liebe zu Charlotte Buff (1753-1828), dem Vorbild der Lotte, und den Suizid des Sohnes des Braunschweiger Hofpredigers Johann Friedrich Wilhelm Jerusalem (1709-1889), Karl Wilhelm Jerusalem (1747-1772), dem Vorbild des Werther, zum Hintergrund hat, schlagartig berühmt. Auch später ist der Tod ein Motiv, wie z. B. im `Egmont´ (1788), in der `Stella´ (1816), im `Faust´ (1797/1830) und in den `Wahlverwandtschaften´ (1809), vgl. dazu exemplarisch Roger Paulin, Der Fall Wilhelm Jerusalem. Zum Selbstmordproblem zwischen Aufklärung und Empfindsamkeit (Kleine Schriften zur Aufklärung, hg. von der Lessing-Akademie), Göttingen 1999, bes. 89ff.

[306] Vgl. dazu Manfred Mai, „Was macht den Mensch zum Menschen?" Friedrich Schiller, München-Wien 2004, 195, der schreibt, dass Goethe Unordnung hasste und „von Krankheiten... nichts sehen und hören" wollte. Vermutlich hängt die Angst vor Krankheit mit Goethes eigener Krankheit in den Jahren 1765-68 zusammen, über die viel spekuliert wurde (etwa ein Blutsturz als Folge von Tuberkulose). Goethe selbst schrieb davon, dass er in dieser Leipziger Studienzeit „weder an Leib noch Seele ganz gesund war" (Goethe, Dichtung und Wahrheit, in: ders., HA 9, Autobiographische Schriften I, II, 8, 340). Er wusste, wovon er schrieb: Eine psychisch erkrankte Person hatte er in seinem näheren Umfeld über einen längeren Zeitraum kennengelernt: Goethes Vater hatte die Vormundschaft für eine Vollwaise, den späteren Dr. iur. Johann David Balthasar Clauer (1732-1796), übernommen. Clauer, mit dem Goethe viele Jahre Wand an Wand lebte, litt an einer schizophrenen Psychose und wurde, als der geistige Verfall nicht mehr aufzuhalten war, in Ermangelung eines Sanatoriums im Goethe´schen Haus, in das er mit seinem Diener 1755 eingezogen war und in dem er bis 1783 lebte, unter Bewachung gestellt. Später reflektierte Goethe u. a. Krankheit im Roman `Wilhelm Meisters Lehrjahre´. Vgl. dazu weiterführend Angela M. C. Wendt, Eßgeschichten und Es(s)kapaden im Werk Goethes. Ein literarisches Menu der (Fr)Esser und Nichtesser, Würzburg 2006, 176ff.

[307] Charlotte von Stein, geb. von Schardt (1742-1827) war eine Hofdame der Herzogin Anna Amalie und eine enge Vertraute von Herzogin Luise von Sachsen-Weimar-Eisenach. Durch ihre enge Freundschaft zu Goethe und Goethes

1827 im Alter von 84 Jahren gestorben war, veranlasste, „daß der Trauerzug bei ihrer Beerdigung nicht am Haus am Frauenplan vorbeigeführt werden sollte"[308], um den empfindlichen Geheimrat nicht zu stören. Goethe ignorierte den Tod, wo es ging, und mied ihn regelrecht[309], etwa, als seine Eltern oder seine Freunde Friedrich Schiller[310] und Großherzog

---

Liebe zu ihr, geäußert in vielen Briefen, von denen ca. 1700 erhalten sind, ist die damals sieben Jahre ältere verheiratete Frau und Mutter von sieben Kindern in die deutsche Literaturgeschichte eingegangen. Einen Eindruck des umfangreichen Briefwechsels Goethe/von Stein (ihre Briefe an Goethe sind nicht erhalten) findet man in Johann Wolfgang Goethe, Leben und Welt in Briefen, a. a. O., 151-197. Charlotte von Steins Grab befindet sich auf dem Historischen Friedhof Weimar. Zur Beziehung zu Goethe vgl. Sigrid Damm, Sommerregen der Liebe. Goethe und Frau von Stein, Berlin 2015.

[308] Rüdiger Safranski, Goethe, a. a. O., 635.

[309] Die Tatsache, dass Goethe den Tod und Beerdigungen mied wie der Teufel das Weihwasser, ist bekannt, vgl. Tilman Jens, Goethe und seine Opfer. Eine Schmähschrift, Düsseldorf ³1999, 90, der Goethe als `todesfürchtigen Freund´ bezeichnet. Jens schildert Goethe im übrigen als bindungsunfähigen Egoisten.

[310] Friedrich Schiller (1759-1805), aus einem pietistischen Elternhaus stammend, hatte eine von Christentum und Kirche stark geprägte Jugend. Der anfangs von Goethe als `dämonisch´ empfundene Gegner und später innigster Freund starb am 9. Mai 1805 in Weimar, vermutlich an den Folgen einer durch Tuberkulose hervorgerufenen akuten Lungenentzündung. Die anschließende Obduktion kam zu dem Ergebnis, dass sich Lunge, Herz, Milz und Nieren des Workaholics, der viele Jahre lang Raubbau an seiner Gesundheit durch Nachtarbeit betrieben hatte, in einem völlig desolaten Zustand befanden, vgl. Rüdiger Safranski, Friedrich Schiller oder Die Erfindung des Deutschen Idealismus, München-Wien 2004, München ⁵2014, 11. Spätere Analysen ergaben, dass die Tapete in Schillers Arbeitszimmer hohe Werte bei Blei, Arsen und Kupfer, auch in der Umgebungsluft, aufwiesen und vermutlich Ausdünstungen der Tapete Schillers Gesundheitszustand ungünstig beeinflussten. Jahre lang hatte Schiller zuvor an Problemen des Magen-Darm-Trakts, einer chronischen Bauchfellentzündung mit Eiterherden, einhergehend mit Fieberschüben und Schüttelfrost, zu leiden gehabt. Goethe schrieb an Zelter: „Ich... verliere nun einen Freund und in demselben die Hälfte meines Daseins" (Goethe, Brief v. 1.6.1805, zit. nach Gero von Wilpert, Goethe: Die 101 wichtigsten Fragen, a. a. O., 94). 1947 starb der letzte direkte Nachkomme Schillers, der Schriftsteller, Herausgeber, Übersetzer und Kulturphilosoph

Carl August von Sachsen-Weimar-Eisenach[311] starben.[312] „Er ist tot"[313], sagte er beim Anblick seines Freundes Schillers, sich seine Augen mit seinen Händen bedeckend, und: „Das hätte ich nicht erleben sollen"[314], rief er nach Erhalt der Nachricht vom Tode seines Freundes, des Großherzogs, aus und hüllte sich dann eine Zeit lang in Schweigen. Er blieb ihren Begräbnissen und Zeit seines Lebens

---

Alexander von Gleichen-Rußwurm (1865-1947), ein Urenkel; die Linie seiner Schwester war bereits 1926 erloschen.

[311] Carl August von Sachsen-Weimar-Eisenach (1757-1828), der acht Jahre jüngere Freund Goethes, der ihm hohe Regierungsämter übertragen und dafür gesorgt hatte, dass er 1782 einen kaiserlichen Adelsbrief erhielt, ist heute als Förderer der Weimarer Klassik besonders in Erinnerung geblieben. Er war mit Luise, Prinzessin von Hessen-Darmstadt (1757-1830), verheiratet und hatte mit ihr sieben Kinder. Mindestens weitere 38 (!) uneheliche Kinder wurden ihm nachgesagt, unter ihnen ein außerehelicher Sohn mit der Schauspielerin Caroline Jagemann (1777-1848), Mätresse des Herzogs, die gegen Goethe intrigierte und 1817 dessen Rückzug aus dem Theaterbetrieb bewirkte. Carl August starb am 14. Juni 1828 im Alter von 71 Jahren auf der Rückreise von Berlin auf Schloss Graditz bei Torgau. Goethe zog sich „noch vor der Beisetzung zur Sammlung für zwei Monate nach Dornburg zurück" (Gero von Wilpert, Goethe: Die 101 wichtigsten Fragen, a. a. O., 89).

[312] „So ist er lebenslang den Sterbelagern auch der ihm Nahestehenden ferngeblieben, hat sich dem Anblick der Toten entzogen, die Begräbnisfeiern gemieden, die Grabstätten nie besucht" (Albrecht Schöne, Schillers Schädel, a. a. O., 7). Das ist ein eklatanter Widerspruch zum Verhalten Goethes gegenüber seinem verstorbenen Freund Schiller: Mehr als zwanzig Jahre nach dessen Tod und fünfeinhalb Jahre vor seinem eigenen Tod ließ er sich Schillers Schädel, den ihm der Prosektor des Jenaer anatomischen Kabinetts, Schröter, und Färber, Angestellter am naturwissenschaftlichen Museum in Jena, 1826, aushändigten, reinigen und stellte ihn auf einem blausamtenen Kissen unter einem abnehmbaren Glasgehäuse, einem sog. Reliquiar, monatelang bei sich aus (vgl. ebda., 5f.). Goethe schrieb dazu das Gedicht ´Bei Betrachtung von Schillers Schädel´, das u. a. abgedruckt ist bei Albrecht Schöne, Schillers Schädel, a. a. O., 78f. Vgl. dazu den fiktiven Monolog Goethes, in: Peter Braun, Schiller, Tod und Teufel. Rede des Herrn von G. vor einem Totenschädel, Düsseldorf und Zürich 2005, 5-59.

[313] Gothe, zit. nach Gero von Wilpert, Schiller: Die 101 wichtigsten Fragen, a. a. O., 82.

[314] Goethe, zit. nach Rüdiger Safranski, Goethe, a. a. O., 637.

auch anderen Beerdigungen fern, nahm selbst an der Bestattung seiner 1782 und 1808 verstorbenen Eltern nicht teil, genauso wenig wie am lutherischen Begräbnis seiner Frau Christiane.[315] Über den Tod seiner Schwester schwieg er sich in seinem Tagebuch aus. Das Wort `Tod´ durfte in Goethes Gegenwart beim Tode seines geliebten Sohnes August nicht ausgesprochen werden.[316] Seine erste Reakti-

---

[315] Johanna Christiana Sophia von Goethe, geb. Vulpius (1765-1816), gelernte Näherin, ab 1788 Goethes Lebensgefährtin (nach der Begegnung mit ihr entstand Goethes `Römische Elegie´ [1788-1790], eine seiner fröhlichsten Verssammlungen), ab 1806 seine Ehefrau, starb nach 28 gemeinsam mit Johann Wolfgang von Goethe verlebten Jahren und fünf gemeinsamen Kindern, von denen alle bis auf eins kurz nach ihrer Geburt gestorben waren, am 6. Juni 1816 im Alter von 51 Jahren unter schweren Krämpfen und Anfällen. Johanna Schopenhauer schrieb 1816 an Elisa von der Recke über die letzten Tage von Goethes Frau: „Der Tod der armen Goethe ist der furchtbarste, den ich je nennen hörte. Allein, unter den Händen fühlloser Krankenwärterinnen, ist sie, fast ohne Pflege, gestorben; keine freundliche Hand hat ihr die Augen zugedrückt; ihr eigner Sohn ist nicht zu bewegen gewesen, zu ihr zu gehen, auch Goethe selbst wagte es nicht" (zit. n. Bruno Preisendörfer, Als Deutschland, a. a. O., 431f.). Christiane von Goethe, die ihren Mann einst aus Lebensgefahr gerettet hatte, wurde kirchlich bestattet, allerdings nicht in der Familiengruft, da auf dem Jakobsfriedhof im Jahre 1806 Reihengräberzwang eingeführt worden war. Die Beerdigung fand morgens um 4 Uhr statt, Schulkinder sangen. Eine Rechnung über die Beerdigung ist erhalten geblieben (vom 17. Juni 1816). Goethe schrieb in sein Tagebuch: „Leere und Todtenstille in und außer mir."

[316] Julius August Walther von Goethe (1789-1830), erstes und einziges von fünf Kindern Goethes aus seiner Verbindung mit Christiane von Goethe, das das Erwachsenenalter erreichte und nach einer Karriere als Beamter schließlich zum Hofstaat von Großherzog Carl August gehörte, starb 41jährig, dem Alkohol verfallen und körperlich und seelisch angeschlagen und sich auf einer Italienreise auskurierend, in der Nacht vom 26. auf den 27. 10. 1830 an den Folgen eines fiebrigen Infekts bzw. „einer Hirnhautentzündung" (Safranski, Goethe, a. a. O., 638) bzw. „an einer Pockenkrankheit" (https://de.wikipedia.org/wiki/August_von_Goethe) in Rom. Er wurde auf dem protestantischen Friedhof nahe der Cestius-Pyramide begraben. Organisiert wurde das Begräbnis von August Kestner, dem Sohn der von Johann Wolfgang von Goethe verehrten geliebten Lotte, der als hannoverscher Legationsrat in diplomatischen Diensten beim Heiligen Stuhl tätig war. August von

on auf dessen Exitus soll gewesen sein: „...non ignoravi, me mortalem genuisse (Ich habe immer gewußt, daß ich einen Sterblichen gezeugt habe)."[317] Goethe-Kritiker sprechen von einer Verdrängung oder sogar von einer panikartigen Todesphobie des Dichters.[318] Bei seinem eigenen Tod – Goethe starb am 22. März 1832 gegen Mittag in seinem Haus am Frauenplan zu Weimar[319], in dem er fast 50 Jahre

---

Goethe hinterließ eine Frau und drei Kinder. Vgl. dazu Gabriele Radecke (Hgin.), August von Goethe: Wir waren sehr heiter. Reisetagebuch 1819, Leipzig 2007, das u. a. die Beziehung zu seiner Frau und zu seinem schier übermächtigen Vater thematisiert. Von Johann Wolfgang von Goethe gibt es heute (2018) keine leiblichen Nachkommen mehr. Der Komponist und Mendelssohn-Bartholdy-Schüler Walther Wolfgang von Goethe (1818-1885), Sohn Ottilies und Augusts von Goethe, war der letzte lebende Nachkomme Goethes. Er war ebenfalls alkoholkrank und hinterließ aufgrund seiner Homosexualität keine Nachkommen. Walther von Goethe vermachte Goethes Wohnhaus in Weimar samt dessen Bibliothek und Sammlungen nach seinem Tod dem Staat Sachsen-Weimar-Eisenach und ermöglichte dadurch die Entstehung des Goethe-Nationalmuseums. Zum Stammbaum der Familie: https://de.wikipedia.org/wiki/Goethe_(Familie), aufgerufen am 17. April 2018.
[317] Rüdiger Safranski, Goethe, a. a. O., 637.
[318] Der Germanist Burkhardt Lindner (1943-2015) erinnert daran, dass schon Walter Benjamin einst auf das `ungeheure Angstpotential´ aufmerksam machte, „das in der Erfahrung des Mythischen liegt. Am unverstelltesten liegt es in den vielen Zeugnissen über Goethes zwangsneurotische Abwehr gegen alles mit Tod und Begräbnis Zusammenhängende zutage" (Burkhardt Lindner, „Goethes Wahlverwandtschaften". Goethe im Gesamtwerk, in: Burkhardt Lindner [Hg.], Benjamin Handbuch. Leben – Werk – Wirkung, Stuttgart-Weimar 2011, 472-493, Zitat auf 480).
[319] Vgl. dazu Wolfgang Holler und Kristin Knebel (Hg.), Goethes Wohnhaus (Klassik Stiftung Weimar), Weimar 2014 (mit Auswahlbibliographie auf 142ff.), wo auf 122ff. Goethes Schlafkammer des Hinterhauses zu sehen ist. Dort starb er, im Sessel sitzend, kurz vor zwölf Uhr mittags nach kurzer Krankheit „am Stickfluß in Folge eines nervös gewordenen Katharralfiebers. Geisteskräftig und liebevoll bis zum letzten Hauche" (125). „Sein Leichnam wurde im Eingangsflur des Vorderhauses feierlich aufgebahrt, unter dem Sarkophag lag der Familienteppich ausgebreitet" (19). Es gibt auch die Hypothese, dass Goethe an einem Herzinfarkt gestorben sein könnte, vgl. Klaus Seehafer, Mein Leben ist ein einzig Abenteuer. Johann Wolfgang Goethe. Biografie, Berlin 2000, 458. Goethes Erben waren Goethes Testament gemäß seine

lang gewohnt hatte – war alles ganz anders: Entgegen der Schilderung des Begräbnisses im `Werther´ waren bei Goethes Begräbnis zahlreiche Vertreter der Kirche anwesend.[320] Die Traueransprache hielt – wie schon bei der Bestattung von Großherzog Carl August in der Weimarer Fürstengruft – Oberhofprediger Generalsuperintendent Dr. theol. h. c. Johann Friedrich Röhr[321] aus Weimar, einer der letzten Repräsentanten des theologischen Rationalismus. Es blieb die einzige Rede.

Goethes Tod vorangegangen war ein Leben voller Krankheit[322] und voller Schmerzen, vor allem Zahn-

---

Enkel Walther, Wolfgang und Alma. 1885 verstarb der letzte Goethe-Enkel, wie die anderen kinderlos. Das Haus und den gesamten Goethe-Nachlass erbten der Staat Sachsen-Weimar-Eisenach. Sie wurden in die im August 1885 errichtete Stiftung Goethe-Nationalmuseum überführt. Bemerkenswert ist, dass im Unterschied zu Schillers Nachlass „die Hinterlassenschaften Goethes... nahezu vollständig an ihrem ursprünglichen Ort, dem Haus am Frauenplan, verblieben sind" (Aus dem Hausrat eines Hofrats. Die Ausstellung in Schillers Geburtshaus, bearbeitet von Michael Davidis u. a. [Marbacher Magazin, Sonderheft 77/1997], Marbach 1997, 2). Bis heute befindet sich über dem Eingangsportal die lateinische Inschrift der Erbauer, in der sie Gott rühmen und ihn um Schutz für das Haus bitten.

[320] „Goethe hatte keinen leichten Tod" (Anja Höfer, Johann Wolfgang von Goethe, a. a. O., 151).

[321] Dr. theol. h. c. Johann Friedrich Röhr (1777-1848), Sohn eines mittellosen Schneidermeisters, der in seinen Schriften das Christentum als reine Vernunftreligion erklärte, brachte es zum Generalsuperintendenten und Oberhofprediger in Weimar. Der Vater von zehn Kindern gilt als einer der letzten Repräsentanten des theologischen Rationalismus, der die theologischen und christologischen Aussagen des Neuen Testaments von Spekulationen und Dogmen befreien wollte, damit die frohe Botschaft Jesu Christi besser zum Vorschein kommen konnte. Zu Röhr, der die Kaiserin Augusta von Sachsen-Weimar-Eisenach (1811-1890), spätere Ehefrau Kaiser Wilhelms I. (1797-1888), unterrichtet und konfirmiert hatte, pflegte Goethe einen freundschaftlichen Umgang – er hatte schon Goethes zweiten Enkel getauft.

[322] Goethe litt zeitlebens unter körperlichen und psychosomatischen Krankheiten. Darunter fällt die Nabelschnurumschlingung bei seiner Geburt, der

schmerzen.[323] Goethe litt – entgegen mancher Äußerungen von Zeitgenossen, u. a. seines Hausarztes Dr. Carl Vogel[324] – vom 17. bis zum 69. Lebensjahr unter heftigen Zahnschmerzen, worüber er auch selbst mehrfach schrieb (vor allem in den Jahren 1775-1786).[325] Er klagte viele Jahre über geschwollene Backen und Lippen, Zahnfleischentzündungen, Vereiterungen, Rezidive usw. Die Vermutungen, dass Goethe ein kariöses Gebiss hatte, wurden bestätigt, nachdem die `Stiftung Weimarer Klassik und Kunstsammlungen Goethe und Schil-

---

Blutsturz 1768/69, die Meningitis 1801, die Nierenkoliken 1805, die Herzbeutelentzündung und ein Infarkt 1823 sowie die Lungenentzündung 1832. Goethe machte als Kind die Kinderkrankheiten Masern, Windblattern und die Pocken (1758) durch. Er litt unter Katarrhen, grippalen Infektionen, Mandelentzündungen, Verdauungsbeschwerden, Rheuma (ab 1792), Kopfschmerzen und Schwindelanfällen (ab 1800), Gesichtsrose (1801), Angina pectoris (1804 und 1832), Netzhautentzündung (1829), Lungenblutsturz (1830) und immer wieder Herz-Kreislaufstörungen und verschiedenen psychischen Störungen (Depressionen, Angst- und Panikattacken, Phobien). Außerdem war der Brillenhasser sehbehindert: Auf dem einen Auge war er kurz-, auf dem anderen weitsichtig (sog. `Goethe-Blick´). Angesichts seiner teilweise lebensbedrohlichen Krankheiten wurde Goethe erstaunlich alt. Seinen zahlreichen Ärzten gegenüber war er ein stets folgsamer, dankbarer Patient. Davon, dass Goethe im Unterschied zum `ewig kränkelnden Schiller´ eine „robuste Natur" hatte (Matthias Mattusek, Die Verschwörer von Weimar, in: DER SPIEGEL 35/2009, 130-133, Zitat auf 130) kann also keine Rede sein.
[323] Das verbindet ihn mit seinem Freund Friedrich von Schiller, der ebenfalls an zahlreichen Krankheiten, vor allem an Darmkoliken, gelitten hat, vgl. http://www.rotary1930.org/clubberichte/2004-2005/Schiller-Epilog.pdf. Schiller (aufgerufen am 15. Januar 2018).
[324] Dr. Carl Vogel (1798-1864), seit 1826 Weimarer Hofmedicus, war der von Goethe geschätzte letzte Hausarzt.
[325] Bruno Preisendörfer schreibt, dass Goethe diese Zahnschmerzen, verbunden mit lebensbedrohlichen Vereiterungen, Schwellungen und Extraktionen, aushielt, während andere zu Magnetketten, Schwefeltüchern und Bilsenkraut griffen und die Schutzheilige der Zähnezieher, Appollonia, anriefen, vgl. Bruno Preisendörfer, Als Deutschland, a. a. O., 419.

lerarchiv´ Fotos von Goethes Schädel freigegeben hatte, auf denen zu sehen ist, dass in Goethes Ober- und Unterkiefer zu Lebzeiten zuletzt nur noch – als Zahnstümpfe und größtenteils im Zahnfleisch verborgen – fünf Zähne im Unterkiefer und sechs im Oberkiefer erhalten waren und 21 Zähne, darunter die Frontzähne, gänzlich fehlten. Der Grund dafür ist, dass Goethe zeitlebens gerne und viele Süßigkeiten naschte[326] und dass es zur `Goethezeit´ keine kompetente zahnärztliche Versorgung gegeben hat. Deshalb wurden schmerzende Zähne schnurstracks und keinesfalls schmerzfrei extrahiert. Die kariösen Zähne und der damit einhergehende entsetzliche Mundgeruch könnte auch der Grund dafür gewesen sein, dass Goethe – ähnlich wie die Monalisa – immer nur mit geschlossenem Mund porträtiert worden ist.[327] Heutige Mediziner wagen als Diagnose: „Bullöses Erysipel, Gesichtsrose oder eine dentogene Osteomyelitis"[328]. Über das Gesicht des alten Goethe, bei dessen Anblick die Besucherinnen und Besucher erschreckten, äu-

---

[326] Diese Leidenschaft für Schokolade teilte Goethe mit seiner Mutter, wobei aus heutiger Sicht die Dominanz des Süßen im Speiseplan Goethes überrascht – es gibt dreimal mehr Beispiele dafür als für Fleisch, Fisch und Gemüse zusammen, vgl. Joachim Nagel, Zu Gast bei Goethe. Der Dichterfürst als Genießer. Mit 40 Rezepten, München 1998, 28ff.

[327] Es gibt kein Porträt, das einen lächelnden oder lachenden Goethe zeigt, vgl. Gero von Wilpert, Goethe: Die 101 wichtigsten Fragen, a. a. O.,80.

[328] So Werner Neuhauser, Die Leiden des alten Goethe. Der Dichter zwischen Idealbild und Wirklichkeit, in: zm-online (2006), aufgerufen am 11. November 2007, 1-8.

ßern sich, allerdings äußerst ambivalent, einige Zeitgenossen, darunter vermutlich Heinrich Heine am Ungeschminktesten, der 1824 den 75jährigen besuchte: „Über Goethes Aussehen erschrak ich bis in tiefster Seele, das Gesicht gelb und mumienhaft, der zahnlose Mund in ängstlicher Bewegung, die ganze Gestalt ein Bild menschlicher Hinfälligkeit. Vielleicht Folge seiner letzten Krankheit. Nur sein Auge war klar und glänzend…"[329] Bei genauerer Betrachtung zeitgenössischer Goethe-Porträts des Weimarer Dichterfürsten, wie etwa das von Pierre Jean David D´ Angers[330] von 1829 oder von Carl August Schwerdgeburth[331] aus dem Jahr 1832, kann man ebenfalls die Zerstörung von Goethes Zähnen in seinen Gesichtszügen erkennen.

Andere Untersuchungen ergaben, dass Goethe unter schweren Bandscheibenvorfällen mit Wirbelverwachsung gelitten haben muss (acht Brustwirbel waren miteinander und mit fünf rechten Rippen verwachsen, die Bandscheiben völlig degeneriert); zu-

---

[329] Heine am 26. Mai 1825 an R. Christiani, zit. nach Werner Neuhauser, Die Leiden des alten Goethe, a. a. O., 4. Das Zitat befindet sich auch bei Bruno Preisendörfer, Als Deutschland, a. a. O., 50.

[330] Pierre Jean David D´ Angers (1788-1856) war ein französischer Bildhauer und Medailleur, der Goethe 1828 in Weimar besuchte. 1831 machte er diesem die von ihm geschaffene Goethebüste zum Geschenk. Sie steht heute in der Bibliothek zu Weimar.

[331] Carl August Schwerdgeburth (1785-1878), Maler und Kupferstecher, schuf das letzte zu Lebzeiten Goethes geschaffene Bild. Seine Zeichnung wurde von Goethe, der ihn während seiner letzten Reise in Tannroda besucht hatte, angenommen; der auf ihr beruhende Kupferstich wurde allerdings erst nach Goethes Tod beendet.

dem vermutet man eine einsetzende Versteifung mit Rippenverwachsung um das 40. Lebensjahr herum, was eine Ausdehnung des Brustkorbes beim Einatmen sehr einschränkte. Untersuchungen des Skeletts brachten zu Tage, dass Goethes Gestalt unproportioniert war, der Rumpf im Verhältnis zu den langen Beinen und Armen zu kurz war.[332] Trotz einiger Porträts gibt es keinerlei endgültige Gewissheit über Goethes Aussehen.[333] Durch Messungen von Goethes Bildhauer Rauch (aus den Jahren 1824 und 1829) vermutete man jedoch lange, dass Goethes Körpergröße 172,4 m bzw. 171,5 m betragen haben könnte.[334] Im `Goethejahr´ konnte man in der FAZ über eine Aktion lesen, die in der DDR bereits am 2. November 1970 geheim vonstatten gegangen war: die Öffnung von Goethes Sarg in der Fürstengruft.[335] Der Bericht, der die `Mazeration´ –

---

[332] Vgl. Herbert Ullrich, Goethes Skelett – Goethes Gestalt, in: Goethe-Jahrbuch 2006. Im Auftrag des Vorstands der Goethe-Gesellschaft herausgegeben von Werner Frick, Jochen Golz und Edith Zehm (Band 123 der Gesamtfolge), Göttingen 2006, 167-187. Dort befinden sich Abbildungen von Goethes skelettierten Brustwirbeln (178), seinem skelettierten Schädel (181) und von seinem Skelett nach der Mazeration 1970 (171).

[333] Vgl. Gero von Wilpert, Goethe: Die 101 wichtigsten Fragen, a. a. O., 11.

[334] Die Angaben stammen von Herbert Ullrich, Goethes Rücken, in: Orthoprof 06/04, 12-14. Verwiesen sei auch auf Herbert Ulrich, Goethes Schädel und Skelett. Anthropologischer Anzeiger 60, 2002, 341-368.

[335] Der spektakuläre Mazerations-Artikel erschien erstmals in der FAZ v. 18.3.1999 und stützte sich auf ein Dokument mit dem Titel: „Bericht über die Besichtigung, Ausbettung, Mazeration und Wiedereinbettung der sterblichen Überreste Johann Wolfgang von Goethes", vgl. Thomas Steinfeld, Sonderakte Goethe. Eine Trophäe für den Sozialismus: Wie die DDR die sterblichen Überreste Johann Wolfgang von Goethes unsterblich machen wollte, in: FAZ Nr. 65 v. 18.3.1999, 49 und 51. Vgl. dazu auch Durs Grünbein, Mazeration

die übliche präparatonische Trennung verwesenden Fleisches vom übrigen Skelett, damit dieses haltbarer bleibt –, Konservierung und Umbettung der sterblichen Überreste Johann Wolfgang von Goethes beschreibt, war über dreißig Jahre lang in der Versenkung verschwunden gewesen und gelangte nun erstmals ans Licht der Öffentlichkeit.[336] Seither gibt es viel beachtete öffentlich zugängliche Fotos von Goethes Skelett und seinem Schädel.[337] Zwar gab es zuvor Darstellungen von seinem Gesicht, etwa durch Lebendmasken[338], und auch Zeichnun-

---

Goethe. Der Sarkasmus und die Sarkophage, in: FAZ Nr. 69 v. 23.3.99, 49 (und Durs Grünbein, Antike Dispositionen, FfM 2005, 154ff.). Im Internet ist der Bericht der Braunschweiger Zeitung `Geheimaktion der DDR. Goethes Gebeine wurden 1970 konserviert´ nachzulesen unter www-public.tu-bs.de. Gegen die tendenziöse FAZ-Berichterstattung vgl. die Kritik von Albrecht Schöne, demzufolge Steinfelds FAZ-Artikel mehrere unsachliche Wertungen und abwegige Insinuationen enthält: Albrecht Schöne, Schillers Schädel, a. a. O., 89f. Anm. 72, und die Replik von Tom Wolf, Die Knochen der Klassik v. 31.3.1999, in: Jungle World 14/1999, unter www.nadir.org/nadir/periodika/jungle_world/_99/14/23a.htm. Vgl. dazu auch Klaus Manger, Die Mazeration Goethes, in: Thüringer Hefte für Volkskunde 8/9 (Erfurt 2003), 146-154.

[336] Die Särge von Goethe und Schiller waren 1944 kurz vor Ende des Zweiten Weltkrieges, ähnlich beispielsweise den Überresten Friedrich des Großen, ausgelagert worden, und zwar in einen Jenaer Sanitätsbunker. Dort sollten sie auf Befehl der Nazis vor dem Eintreffen der Amerikaner in die Luft gesprengt werden – was nur dank eines couragierten Arztes damals nicht geschah. Der Öffnung 1970 gingen Öffnungen 1953 und 1959 voraus, zwei weitere folgten in den achtziger Jahren, vgl. weiterführend Malte Herwig, Art. Die vertauschten Köpfe, in: DER SPIEGEL 19/2008, 164-170.

[337] Die Dokumentation liefert ein genaues Bild von der Bestattungskultur in der Goethezeit: Seegrasbett, Lorbeerkranz, gelbes perlenbesticktes Leichenhemd. Zum Zustand von Goethes Leichnam anhand Fotoaufnahmen, vgl. die aus der Erinnerung geschriebene Darstellung von Albrecht Schöne, Schillers Schädel, a. a. O., 90-92, Anmerkung 74.

[338] Vgl. Archiv der Gesichter. Toten- und Lebendmasken aus dem Schiller-Nationalmuseum Marbach. Eine Ausstellung des Deutschen Literaturarchivs und der Stiftung Museum Schloß Moyland in Verbindung mit dem Museum für

gen von seiner auffälligen Statur und seiner Größe. Nach der Mazeration, in deren Kontext eine Vermessung des Skeletts vorgenommen wurde, mussten die bis dato vorliegenden Angaben korrigiert werden – der angeblich `große Dichter´ entpuppte sich mit 1,69 m als ein verhältnismäßig kleiner Zeitgenosse.[339] „Goethe war demnach von seinem 40. Lebensjahr an weitgehend unbeweglich und steif. Er konnte sich kaum bücken und krümmen."[340]

Goethes letzter Brief, geschrieben am Freitag, den 17. März 1832, ging an Wilhelm von Humboldt[341]; sein letzter Tagebucheintrag stammt ebenfalls vom

Sepulkralkultur in Kassel (Marbacher Kataloge 53, hg. v. Ulrich Ott und Friedrich Pfäfflin), Marbach am Neckar [2]1999, 73+326-328, wo einige Lebendmasken abgebildet sind, u. a. die erste Lebendmaske Goethes, die Carl Gottlob (bzw. Gottlieb) Weißer (1779-1815), Sächsisch-Weimarischer Hofbildhauer, diesem am 13. Oktober 1807 abgenommen und später überarbeitet hatte. Nach heutigen Forschungsergebnissen gilt *nur sie* als die einzige authentische Abbildung von Goethes Kopf, der zur Zeit der Abnahme 58 Jahre alt war. Weißer, der auch eine Gesichtsmaske von Schiller anfertigte, verübte später Suizid. Vgl. dazu detailliert und kenntnisreich Michael Hertl, Goethe in seiner Lebendmaske, Würzburg 2008.

[339] Schiller berichtete nach seiner ersten Begegnung mit Goethe: „Er ist von mittlerer Größe, trägt sich steif und geht auch so..." (Johann Wolfgang Goethe, Leben und Welt in Briefen, a. a. O., 409). Vgl. dagegen Herbert Ulrich, Goethes Skelett – Goethes Gestalt, in: Goethe-Jahrbuch 2006, a. a. O., 170: „Die in der Mazerationsakte angegebene Länge des Skeletts vom Scheitel bis zur Ferse mit 166,5 cm und die daraus geschlossene Körperhöhe Goethes von 1,69 m zur Todeszeit dürften jedoch zu niedrig sein."

[340] Herbert Ullrich, Goethe konnte sich kaum bücken, zit. nach www. Abendblatt.de v. 27. September 2004, aufgerufen am 11. November 2007.

[341] Der preußische Gelehrte, Schriftsteller und Staatsmann Friedrich Wilhelm Christian Carl Ferdinand von Humboldt (1767-1835) war ein Bildungsreformer, der als solcher das Bildungswesen im Geiste des Neuhumanismus initiierte und die Berliner Friedrich-Wilhelms-Universität betrieb. Mit seinem Bruder, dem Naturforscher Alexander von Humboldt (1769-1859), zählt er bis heute zu den einflussreichen Personen der deutschen Kulturgeschichte.

17. März 1832: „Den ganzen Tag wegen Unwohlsein im Bette zugebracht.“[342] Hausarzt Dr. Vogel, der herbeigerufen worden war, hielt den Zustand seines Patienten am 20. März 1832 schriftlich fest: „Die Zähne klapperten ihm vor Frost. Der Schmerz, welcher sich mehr und mehr auf der Brust festsetzte, preßte dem Gefolterten bald Stöhnen, bald lautes Geschrei aus. Die Gesichtszüge waren verzerrt, das Antlitz aschgrau, die Augen tief in ihre lividen Höhlen gesunken, matt, trübe, der Blick drückte die gräßlichste Todesangst aus.“[343] Einen Tag später, am 22. März 1832, starb Goethe, im Lehnstuhl sitzend, um zwölf Uhr mittags.[344]

Nach seinem Tode wurde Goethe, wie vier Jahre zuvor sein Freund Carl August, öffentlich aufgebahrt, und zwar in der Vorhalle des Hauses am Frauenplan. Der Weimarer Schauspieler Eduard Genast[345] hielt den Moment für die Nachwelt fest:

---

[342] Das berühmte Zitat findet man etwa bei Bruno Preisendörfer, Als Deutschland, a. a. O., 432, oder bei Rüdiger Safranski, Goethe, a. a. O., 642.

[343] Bruno Preisendörfer, Als Deutschland, a. a. O., 432. Vogels Bericht findet man auch in Johann Wolfgang Goethe, Leben und Welt in Briefen, a. a. O., 797f.

[344] Walter Benjamin hat einst ein Gefühl in Worte gefasst, was den Besucher des Goethe-Hauses noch heute beschleicht: Goethes Arbeitszimmer „ist niedrig, es hat keinen Teppich, keine Doppelfenster. Die Möbel sind unansehnlich. Leicht hätte er es anders haben können. Lederne Sessel und Polster gab es auch damals. (...) Dies Arbeitszimmer war die cella des kleinen Baus, den Goethe zwei Dingen ganz ausschließlich bestimmt hatte: dem Schlaf und der Arbeit“ (Walter Benjamin, Weimar, in: ders., Gesammelte Werke I, FfM 2011, 1070-1072, Zitat auf 1072).

[345] Eduard Genast (1797-1866), ein gelernter Konditor, war ein zu seiner Zeit wertgeschätzter Opernsänger, Schauspieler, Komponist, Theaterdirektor und Regisseur.

„Die Leiche des großen Todten war am 26. von früh acht Uhr an ausgestellt, und wie ein Dichterfürst in weißen Atlas mit Purpursaum gekleidet, den Lorbeerkranz auf seinem Jupiterhaupt. So lag er wie schlafend in seinem Sarkophag, neben welchem acht Candelaber mit brennenden Kerzen standen und seine Orden auf samtnen Kissen lagen."[346] Eckermann, über Jahrzehnte Goethes engster Vertrauter, durfte vor der Öffentlichkeit einen Blick auf den Verstorbenen werfen: „Auf dem Rücken ausgestreckt ruhte er wie ein Schlafender; tiefer Friede und Festigkeit waltete auf den Zügen seines erhaben-edlen Gesichts. Die mächtige Stirn schien noch Gedanken zu hegen. Ich hatte das Verlangen nach einer Locke von seinen Haaren, doch die Ehrfurcht verhinderte mich, sie ihm abzuschneiden. Der Körper lag nackend in ein weißes Bettuch gehüllet, große Eisstücke hatte man in einiger Nähe umhergestellt, um ihn frisch zu erhalten so lange als möglich."[347]

---

[346] Bruno Preisendörfer, Als Deutschland, a. a. O., 437. Goethe, mit einer Schwäche für großformatige Auszeichnungen, hatte zahlreiche Orden: „Ein Titel und ein Orden hält im Gedränge manchen Puff ab" (an M. Oppenheim im Mai 1827). Goethe hatte mehr Orden, als er tragen konnte – allerdings wurde der Staatsmann hoch dekoriert, nicht der Dichter. Auch viele Jahre später rissen die Ehrungen nicht ab: So wurde nach Goethe 1949 – pünktlich zu dessen 200. Geburtstag – der höchste Gipfel des Glacier Divide in Kalifornien benannt: `Mount Goethe´, vgl. Hanswilhelm Haefs, Handbuch des nutzlosen Wissens, München 1989, Neuauflage 2011, 154.

[347] Bruno Preisendörfer, Als Deutschland, a. a. O., 437.

Goethe wurde dann vier Tage nach seinem Tod am 26. März 1832 nachmittags um 5.00 Uhr unter dem Geläut aller Glocken in der klassizistischen Fürstengruft, deren Entstehungspläne nach dem Brand des Stadtschlosses 1774 auf das Jahr 1823 zurückgehen, auf dem Neuen Friedhof in Weimar bestattet – auf eigenen Wunsch neben seinem Freund Schiller, dem er sich über den Tod hinaus verbunden fühlte, und an der Seite seines Freundes Carl August. Dort befindet sich noch heute Goethes Eichensarg, nach einer abenteuerlich anmutenden Odyssee und der Rettung beider Särge vor den kapitulierenden Nazis, die verhindern wollten, dass die Särge der bedeutenden Deutschen den Alliierten in die Hände fielen, mit dem von Schiller inmitten der Särge einiger Mitglieder der Häuser Sachsen-Weimar und Sachsen-Weimar-Eisenach.[348] Mit

---

[348] Die Gruft befindet sich heute im Eigentum der `Klassik Stiftung Weimar´ und gehört seit 1998 mit ausgewählten Teilen Weimars zum UNESCO-Weltkulturerbe. Analysen der 1805 im Kassengewölbe auf dem Weimarer Jacobsfriedhof beigesetzen und am 16. Dezember 1827 überführten sterblichen Überreste Schillers erwiesen sich nach einer im Jahre 2008 durchgeführten genetischen Untersuchung als unecht. DNA aus dem Sarkophag hatte weder in der weiblichen noch in der männlichen Linie mit dem Erbgut der Familie Schiller übereingestimmt. Die Gebeine wurden daraufhin auf dem benachbarten Friedhof anonym bestattet. Schillers Sarg ist seither leer. Die Ergebnisse der fast zwei Jahre dauernden genetischen Analysen eines internationalen Forscherteams, die auch die sterblichen Überreste der exhumierten Nachkommen Schillers (seines ältesten Sohnes Carl von Schiller und seines Enkels Friedrich sowie dessen Frau Mathilde von Schiller) auf dem Stuttgarter Fangelsbachfriedhof und das historische Schillergrab in Bonn (mit den sterblichen Überresten der Ehefrau Schillers, Charlotte von Schiller [1766-1826], und ihrem zweitältesten Sohn Ernst) zu diesem Zweck mit einbezogen, wurden in der Fernsehdokumentation `Der Friedrich-Schiller-Code´ vom Mit-

Goethes Ableben ging eine Kunstperiode zuende, die mit seiner Geburt begonnen hatte und mit seinem Tod endete: „die Goethezeit"[349].

Im Unterschied seiner Ablehnung, sich mit dem Tod der ihm Nahestehenden zu beschäftigen, hatte sich Goethe übrigens mit dem eigenen Tod produktiv auseinandergesetzt[350] – auch ein Indiz dafür, dass Goethe ein im besten Sinne religiöser Mensch gewesen ist: ein Protestant, der sich der Endlichkeit und der Einmaligkeit des Lebens und des Aufgehobenseins bei Gott bewusst war.

---

teldeutschen Rundfunk veröffentlicht, vgl. http://www.klassik-stif-tung.de/uploads/tx_lombkswmargcontent/20080429_Pressemappe_Untersuch ungen.pdf (aufgerufen am 8. Januar 2018) und https://www.uniklinik-freiburg.de/anthropologie/forschung/ausgewaehlte-abgeschlossene-projekte/der-friedrich-schiller-code.html (aufgerufen am 9. Januar 2018).

[349] Rüdiger Safranski, Goethe, a. a. O., 18. Der britische Germanist und Goethe-Biograf Nicholas Boyle (geb. 1946) hat im Blick auf die Epoche einmal kritisch angemerkt: „So etwas wie die `Goethezeit´ hat es niemals gegeben" (Nicholas Boyle, Goethe. Der Dichter in seiner Zeit, Band I, a. a O., 19).

[350] Vgl. dazu ausführlicher Sigrid Damm, Goethes letzte Reise, FfM-Leipzig 2007. Der Buchtitel bezieht sich auf Goethes letzte Reise nach Ilmenau mit seinen Enkeln Walther und Wolfgang Ende August 1831, sechs Monate vor seinem Tod.

Ausblick

Festzuhalten ist: Goethes Weltanschauung ist auf verschiedenen Ebenen angesiedelt, einige Experten sprechen von einer `diffusen Weltfrömmigkeit´ und einer modern-pluralistischen `Patchwork-Religion´, die sich Goethe, ähnlich wie heute viele Zeitgenossinnen und Zeitgenossen, nach seinem Gutdünken zusammenbastelte.[351] Einen großen Umfang nimmt die christliche Ebene ein. Zu Goethes Interessensgebieten gehörten Zeit seines Lebens die theologische Lektüre und die christliche Praxis. Er besuchte Kirchen, nahm an Gottesdiensten teil, sammelte und studierte Kunstwerke religiösen Inhalts. „Seit Jugendtagen beschäftigten ihn christlicher Glaube und christliche Lebensführung in unterschiedlichen Ausprägungen; christlich durchsetzter Hermetik begegnete er ebenso wie strengem Herrnhutertum; Spinoza stärkte seinen Glauben an das Göttliche in dieser Welt; im brieflichen und mündlichen Disput mit Lavater und Jacobi kamen Kernfragen christlicher Überlieferung auf den Prüfstand."[352] Unter Goethes Gesprächs- und Briefpartnern befand sich zeitlebens eine Menge Theologen, auch solche, die Goethe – erfolglos – unabdinglich bekehren wollten.

---

[351] So der emeritierte lutherische Theologe Horst Georg Pöhlmann (geb. 1933), vgl. epd-Wochenspiegel 34/1999, 24.
[352] Karl Otto Conrady, Goethe, a. a. O., 430.

Für den Dichterfürsten, der eine „tiefe religiöse Haltung [hatte], die jedoch auf Distanz zum traditionellen Christentum ging"[353], entsprang der Glaube aus
dem Inneren des Menschen, aus seinem geistigen
und sittlichen Leben genau so wie aus seinem Ge-
fühlsleben. Bereits als junger Mann konnte er verschiedene religiöse Anschauungen nebeneinander
stehen lassen und darin religiöse Toleranz zeigen.[354] „Sein Werk ist durchweg auch als kluger und
witziger Beitrag zu der Abrüstung in Absolutheits-
fragen zu verstehen..."[355] Goethe glaubte unerschütterlich und zuversichtlich an ein „übergrosses,
übermächtiges und unerforschliches Wesen."[356] Der

---

[353] Jörg Lauster, Die Verzauberung der Welt, a. a. O., 494. Lauster spricht hier
in Aufnahme des Begriffs des Augsburger Literaturwissenschaftlers Wolfgang
Frühwald (geb. 1935) von Goethes „Weltfrömmigkeit" – eine Haltung, die „im
weltzugewandten Tun und in der Verwirklichung der Anlagen eines Menschen
den Sinn des Lebens erblickte und sich darin aber immer auch von einer
höheren Ordnung aufgehoben wusste" (Jörg Lauster, Die Verzauberung der
Welt, a. a. O., 499). Schon Karl Otto Conrady hatte festgehalten: „Er [Goethe,
TOHK] war in keinem tradierten Glauben mehr geborgen..." (Karl Otto Conrady, Goethe, a. a. O., 601).
[354] Ein literarisches Produkt, in dem Goethe zeitgenössische theologische
Strömungen kommentiert, seine Haltung zur Kirche erläutert (u. a. kritisiert er
die Hierarchie als dem Begriff einer echten Kirche widersprechend) und den
religiösen Toleranzgedanken in den Vordergrund rückt, ist Goethes erwähnter
`Brief des Pastors zu *** an den neuen Pastor zu ***´. Goethe bekennt sich
hier zu einer von Gottes- und Nächstenliebe getragenen Toleranz. Das ist
bemerkenswert, denn der Zeitpunkt der Veröffentlichung liegt sechs Jahre vor
Lessings aufklärerischem Werk `Nathan der Weise´ mit dem Toleranzgedan-
ken im Zentrum. Vgl. dazu auch Reiner Strunk, „Närrisch, dass jeder in seinem Falle seine besondere Meinung preist!" Religiöse Toleranz bei Goethe,
in: DtPfrbl 8/2012, 433-436.
[355] Jochen Hörisch, Religiöse Abrüstung – Goethes Konversions-Theologie,
in: ders., Gott, Geld, Medien, a. a. O., 67-80, Zitat auf 68.
[356] Ernst Cassirer, Der junge Goethe II. Fünfte Vorlesung, in: ders., Nachgelassene Manuskripte, a. a. O., 191.

Glaube daran war für ihn stark mit dem Gefühl der Sicherheit verbunden. Alles kam darauf an, *dass* man glaubte – *was* das war, war für Goethe zweitrangig. Wichtig war ihm, dass das Zutrauen zu Gott, für ihn auch die Liebe, unerschütterlich war. Auch die Ehrfurcht spielte bei Goethe eine große Rolle: Darunter verstand er die Andacht gegenüber dem über uns Seienden, dem, was uns gleich war, und dem, was unter uns war – ein höherer, dem Menschen gegebener Sinn. In seinem gesamten Werk findet man eine Menge an biblischen Anspielungen und Zitaten. Verzweifelten Versuchen seiner Gegner, ihn zu einem Ketzer zu machen oder ihn zu einem Ungläubigen, einem Heiden, zu stempeln, trat er gelassen gegenüber. „Denn er selbst rechnete sich zu einem der stärksten G l ä u b i g en [Herv. E. C.] aller Zeiten – und er war sich seiner reinen und tiefen F r ö m m i g k e i t [Herv. E. C.] bewusst.“[357] In einem Alterswerk, der `Marienbader Elegie´, brachte er zum Ausdruck, was er unter Frömmigkeit verstand: „In unsers Busens Reine wohnt ein Streben/Sich einem Höhern, Reinern, Unbekannten/Aus Dankbarkeit freiwillig hinzugeben,/Enträtselnd sich den ewig Ungenannten –/Wir heissens: fromm sein“[358]. Frömmigkeit war für Goe-

---

[357] Ernst Cassirer, Der junge Goethe II. Fünfte Vorlesung, in: ders., Nachgelassene Manuskripte, a. a. O., 189.
[358] Goethe, Marienbader Elegie, in: ders., WA 3, 24, Z. 79-83. Die `Marienbader Elegie´ war in seinem Schmerz über die Abweisung seines Heiratsantrags

the mit Dankbarkeit verbunden und in dem bis heute andauernden Konflikt zwischen Glauben und Unglauben war für Goethe völlig klar, dass er sich auf der Seite des Glaubens verortete.[359]

Mit fortschreitendem Alter löste sich Goethe mehr und mehr von orthodoxen Formen des Christentums, ging zur Kirche auf kritische Distanz, warf Klerikern vor, dass sie zu eng dachten, und hielt daran fest, „daß er der Bibel einen großen Teil seiner geistigen Bildung verdanke"[360] und Gottes Geist kein `Kleingeist´, sondern der alle Grenzen sprengende `Weltgeist´ sei. Goethes Haltung war in aller emanzipatorischen Denkbewegung getreu dem paulinischen Motto „Alles prüfet, das Gute behaltet"[361] zutiefst evangelisch – von Heide-Sein, wie es einige Goethe-Forscher postulieren, keine Spur. Er „vertrat eine tiefe religiöse Haltung, die jedoch auf Distanz zum traditionellen Christentum ging."[362] Gott und

---

durch die 19jährige Ulrike von Levetzow entstanden. Ulrike von Levetzow (1804-1899) blieb bis an ihr Lebensende unverheiratet. Martin Walser (geb. 1927) thematisiert die Liebe des alten Goethe in seinem Roman `Ein liebender Mann´ (2008).

[359] „Und während er [Goethe, TOHK] das Unerforschliche schweigend verehrte, umfing seine Ehrfurcht in gleicher Weise das, was neben und unter uns ist. Diese Weltfrömmigkeit des Geistes ruhte in der Überzeugung vom gottgewirkten Sinn des Daseins, von der `Positivität´ der Welt, ein Glaube, dessen Konflikt mit dem Unglauben er als das eigentliche Thema der Weltgeschichte bezeichnete" (Art. Goethe, in: Brockhaus Enzyklopädie in zwanzig Bänden, Bd. 7, Wiesbaden 1969, 492-502, Zitat auf 497).

[360] Peter Boerner, Goethe, Reinbek 1979, 16 (Lit. auf 164-186).

[361] Vgl. 1. Thessalonicher 5,21: „Prüft aber alles und das Gute behaltet" (Luther 2017).

[362] Jörg Lauster, Die Verzauberung der Welt. Eine Kulturgeschichte des Christentums, München 2014, ²2015, 494-499, Zitat auf 494.

das Leben waren für ihn zwei Seiten derselben Medaille: „Das Wahre ist mit dem Göttlichen identisch"[363], schrieb Goethe in seiner Schrift `Versuch einer Witterungslehre´: Es ist von uns niemals direkt zu erkennen, sondern nur im Abglanz, als Symbol, in Erscheinungen. Wir Menschen nehmen es als unbegreiflich wahr und möchten es doch gerne erfassen. Immer wieder wurde die Gretchen-Frage an Goethe selbst gerichtet. Doch Goethe gibt auf diese Frage genau so wenig eine eindeutige Antwort, wie Faust im besagten Religionsgespräch mit Gretchen darauf eine eindeutige Antwort gibt. Goethes christlicher Glaube, seine Art persönlicher Frömmigkeit, lässt sich nicht auf dogmatische Floskeln festlegen, sondern ist schillernd und facettenreich, zuweilen auch widersprüchlich. Im Alter, kurz vor seinem Tod, schreibt Goethe in einem Brief, welche Konfession für ihn die beste, nahe bei Gott, ist: „Nun erfahr ich... in meinen alten Tagen von einer Sekte der Hypsistarier welche, zwischen Heiden, Juden und Christen geklemmt, sich erklärten, das Beste, Vollkommenste, was zu ihrer Kenntnis käme, zu schätzen, zu bewundern, zu verehren, und insofern es also mit der Gottheit im nahen Verhältnis stehen

---

[363] Johann Wolfgang von Goethe, Versuch einer Witterungslehre (1825), zit. n. Cassirer, Der junge Goethe II. Fünfte Vorlesung, in: ders., Nachgelassene Manuskripte, a. a. O., 190.

müsse, anzubeten."[364] Eine solche Religionsgemeinschaft käme Goethe entgegen, weil sie das Ganze im Blick hätte. Denn das Göttliche könne ihm zufolge von ganz verschiedenen Seiten wahrgenommen werden: vom Künstler, der Gott mit den Augen seiner Fantasie wahrnimmt; vom Naturforscher, der hinter den vielfältigen Naturerscheinungen das eine große Gesetz, das in allen waltet, zu erkennen glaubt (Pantheismus); und vom Individuum, das Gott als sittliches Wesen denkt, das die Menschen zu freien und selbständigen Charakteren formen will (Theismus).[365] Goethe zufolge können

---

[364] Goethe an Sulpiz Boisserée, Brief v. 22. März 1831, zit. nach Ernst Cassirer, Der junge Goethe II. Fünfte Vorlesung, in: ders., Nachgelassene Manuskripte, a. a. O., 193. Goethe erwähnt in diesem Brief an seinen engen Freund, den deutschen Gemäldesammler, Kunst- und Architekturhistoriker, Förderer der Vollendung des Kölner Domes und Geheimen Hofrat, Johann Sulpiz Melchior Dominikus Boisserée (1783-1854), die Religionsgruppe der Hypsistarier aus dem Kappadokien des 3. und 4. Jahrhunderts, die sich zur Verehrung des höchsten Gottes (griech.: ὕψιστος = `der Höchste´) bekannte und der sich Goethe deshalb nach eigenem Bekunden am liebsten angeschlossen hätte. Goethe unterscheidet sich hier in seiner Auffassung von Religion von der Vorstellung der Aufklärung, die durch Kant in den `Grenzen der bloßen Vernunft´ gedacht wurde, wie der Titel von Kants religionsphilosophischer Hauptschrift lautet und die auf dem Wege der Überwindung der Gegensätze der religiösen Lehrmeinungen eine `Vernunftreligion´ anstrebte. Goethe glaubte nicht wie die Aufklärung an den stetigen Fortschritt in der Geschichte der Menschheit, er glaubte nicht an eine rationale Religion; aber er glaubte an eine Religion der Humanität. Goethe war kein Rationalist wie Kant oder Lessing und er stand der Weltsicht eines metaphysischen Philosophen wie Georg Wilhelm Friedrich Hegel (1770-1831), demzufolge alles in der Geschichte vernünftig zugehe, alles Vernünftige wirklich und alles Wirkliche vernünftig sei, äußerst skeptisch gegenüber (vgl. Georg Wilhelm Friedrich Hegel, Grundlinien der Philosophie des Rechts, in: ders., Sämtliche Werke, Bd. 7, Stuttgart 1927ff., 33).
[365] Navid Kermani (geb. 1967), in Köln lebender promovierter muslimischer Schriftsteller und habilitierter deutscher Orientalist mit iranischen Wurzeln, hat zum Erfassen von Goethes Religionsverständnis das schöne Bild vom Ein-

die Menschen Gott nur in seinen Erscheinungsformen, nicht jedoch in seiner absoluten Wesenheit erkennen. Jörg Lauster hat Goethes religiöse Haltung treffend zusammengefasst: „Goethe trug alles in sich, was die Spannungen ausmacht, denen sich die Religion in der Moderne ausgesetzt sieht. Anflüge erweckter Frömmigkeit stehen neben der Religionskritik, eine auf die Tat ausgerichtete Religion neben der Naturkontemplation, die Dogmenkritik neben der ästhetischen Begeisterung an Liturgie und Kunst, schließlich vereint er die Hoffnung auf Unsterblichkeit mit dem Interesse an empirischer Naturbeobachtung. Die Frage, ob diese Weite noch christlich ist, hat etwas Sinnloses an sich. Denn sie berücksichtigt zum einen nicht die ganz unterschiedlichen Kontexte, in denen Goethe auf die Religion zu sprechen kam, und nimmt zum anderen an, es gebe eine Demarkationslinie, nach deren Überschreiten ein religiöser Mensch definitiv aufhört, ein Christ zu sein. Goethe wollte diese Frage jedenfalls für sich nicht beantworten... Er brachte in seiner Person all die Gegensätze der Religion zur Ruhe und lebte damit vor, was er eine `zarte Religion´ nannte. In ihr ist die Ehrfurcht vor dem, was sie verehrt, größer als das Beharren auf den eigenen

---

und Ausatmen, vom Aufnehmen und Abgeben verwendet, vgl. Navid Kermani, Gott-Atmen. Goethe und die Religion, in: ders. (Hg.), Zwischen Koran und Kafka. West-östliche Erkundungen, München 2014, 121-147.

Lehren, Traditionen und Gewohnheiten. Der Legende nach sollen Goethes letzte Worte gewesen sein: `Mehr Licht´. Ob er es wirklich sagte, wird für immer ein Geheimnis bleiben, eine treffendere Beschreibung seiner religiösen Haltung lässt sich jedoch nicht finden."[366] Auch Gero von Wilpert unterstreicht: „Ohne nähere konfessionelle Festlegung erkannte Goethe... im Alter das Christentum als sozialen, geistigen, ethischen und kulturellen Faktor für die Ordnung des Menschenlebens und des Abendlandes an und hielt, obwohl kaum Kirchenbesucher, für seine Familie an den christlichen Sakramenten, an Taufe, Konfirmation, Ehe und Begräbnis fest. Für die Zukunft erhoffte er sich eine Wiedervereinigung beider christlicher Kirchen (zu Eckermann 11.3.1832)."[367]

Auch wenn Pietisten, Katholiken, Anthroposophen, Philosophen und jede Menge atheistisch angehauchte Schriftsteller es bis heute nicht wahrhaben wollen und alles dafür tun, Anderes bei Goethe nachweisen zu können – es bleibt dabei: Goethe, der Freigeist, die Vielfalt der Religionen vor Augen habend und in religiösen Dingen zurückhaltend, Luther einerseits bewundernd und andererseits die

---

[366] Jörg Lauster, Die Verzauberung der Welt, a. a. O., 499. Es ist bis heute umstritten, ob es sich um authentische Worte des Dichterfürsten handelte. Denn Dr. Vogel, der sie der Nachwelt überlieferte, befand sich im entscheidenden Moment gar nicht im Sterbezimmer. Allerdings hatte Goethe zu Lebzeiten mehrfach die Verbindung von Gott und Licht gezogen.
[367] Gero von Wilpert, Goethe: Die 101 wichtigsten Fragen, a. a. O., 130f.

lutherische Orthodoxie ablehnend[368], war einer von uns: ein Protestant[369], der Gott gemäß der jüdisch-christlichen Tradition ehrte und die Freiheit des Glaubens hochschätzte – quod erat demonstrandum. Wie lautete doch Fausts Antwort an Gretchen auf ihre Frage, ob er an Gott glaube: „Mein Liebchen, wer darf sagen:/Ich glaub´ an Gott?/ (...) Wer darf ihn nennen?/Und wer bekennen:/Ich glaub´ ihn./Wer empfinden,/Und sich unterwinden/Zu sagen: ich glaub´ ihn nicht? Der Allumfasser,/Der Allerhalter,/Faßt und erhält er nicht/Dich, mich, sich selbst?/Wölbt sich der Himmel nicht dadroben?/Liegt die Erde nicht hierunten fest? Und steigen freundlich blickend/Ewige Sterne nicht herauf?/Schau´ ich nicht Aug´ in Auge dir,/Und drängt nicht alles/Nach Haupt und Herzen dir,/Und webt in ewigem Geheimnis/Unsichtbar sichtbar neben dir? Erfüll davon dein Herz, so groß es ist,/Und wenn du ganz in dem Gefühle selig bist,/Nenn es dann, wie du willst,/Nenn´s Glück! Herz! Liebe! Gott! Ich habe keinen Namen/Dafür! Gefühl ist alles; Name ist Schall und Rauch,/Umnebelnd Himmelsglut."[370]

---

[368] Vgl. weiterführend Erwin Mülhaupt, Goethes Pro und Contra Luther, in: GEE, Beiträge pädagogischer Arbeit, a. a. O., bes. 30-41, Zitat auf 39: „Man kann, wenn man Luther kennt, die bei manchen Christen verbreitete Mißachtung Goethes als Nichtchrist und Heide nicht mitmachen."

[369] Daher ist es auch sachlich falsch, wenn Rüdiger Safranski schreibt: „Im Protestantismus hatte Goethe kein Unterkommen gefunden" (Rüdiger Safranski, Goethe, a. a. O., 67).

[370] Goethe, Faust, v3427-3458, zit. nach ders., HA 3, Dramatische Dichtungen I, 109f. Schon im ersten Entwurf des Faust, dem sog. `Urfaust´ (ca. 1774),

Zeittafel[371]

1749   Am 28. August als Sohn des Kaiserlichen Rats Dr. iur. Johann Caspar Goethe (1710-1782) und dessen Frau Katharina Elisabeth Goethe, geb. Textor (1731-1808) in Frankfurt am Main geboren; dort aufgewachsen mit einer Schwester, Cornelia Friederica Christiana (1750-1777).

1752-1755 Besuch der Spielschule.

1755   Beginn des Privatunterrichts durch Goethes Vater, dann bei Hauslehrern; Erdbeben von Lissabon bewirkt religiöse Erschütterung Goethes.

1759   Frankfurt wird während des Siebenjährigen Krieges (1756-1763) französisch besetzt und der Leiter der städtischen Zivilverwaltung Graf Thoranc (1719-1794) im Hause Goethe im Großen Hirschgraben einquartiert.

1764   Goethe ist als Zuschauer bei den Krönungsfeierlichkeiten von Joseph II. (1741-1790) zum römisch-deutschen Kaiser dabei.

1765   im Oktober Beginn des Studiums der Jurisprudenz in Leipzig; Vorlesungen über Poetik und Moral; Zeichenunterricht bei Adam Friedrich Oeser (1717-1799); Freundschaft mit Anna

---

hatte der junge Goethe fast identisch über Gott geschrieben: „Wer darf ihn nennen?/Und wer bekennen:/Ich glaub´ ihn?/Wer empfinden/Und sich unterwinden/Zu sagen: ich glaub ihn nicht?/Der Allumfasser,/Der Allerhalter,/Faßt und erhält er nicht/Dich, mich, sich selbst?/Wölbt sich der Himmel nicht da droben?/Liegt die Erde nicht hier unten fest?/Und steigen hüben und drüben/Ewige Sterne nicht herauf?/Schau´ ich nicht Aug´ in Auge dir,/Und drängt nicht alles/Nach Haupt und Herzen dir/Und webt in ewigem Geheimnis/Unsichtbar sichtbar neben dir?/Erfüll davon dein Herz, so groß es ist,/Und wenn du ganz in dem Gefühle selig bist,/Nenn das dann, wie du willst,/Nenns Glück! Herz! Liebe! Gott!/Ich habe keinen Namen/Dafür. Gefühl ist alles,/Name Schall und Rauch,/Umnebelnd Himmelsgluth" (Goethe, Urfaust, v1124-1150, in: ders., HA 3, Dramatische Dichtungen I, 406).

[371] Kursiv sind in dieser Zeittafel die Entstehungs- und Erscheinungsdaten von Goethes Werken. Eine detaillierte Zeittafel findet man in: Goethe, HA 14, Naturwissenschaftliche Schriften II, 382-535; in dem Artikel `Goethe´, in: Brockhaus Enzyklopädie in zwanzig Bänden. Siebzehnte völlig neubearbeitete Auflage des Großen Brockhaus, Siebenter Band, Wiesbaden 1969, 492-502, bes. 498f.; bei Peter Boerner, Goethe, a. a. O., 152-158, oder bei Anja Höfer, Johann Wolfgang von Goethe, a. a. O., 152-153.

Katharina (Käthchen) Schönkopf (1746-1810). *Das Buch Annette. Die Laune des Verliebten.*

1768 Beginn einer zweijährigen schweren Erkrankung und Rückkehr nach Frankfurt/Main; Begegnung mit Susanna Katharina von Klettenberg (1723-1774). *Die Mitschuldigen.*

1770 Nach seiner Genesung Fortsetzung des Jura-Studiums an der Universität Straßburg; Vorlesungen über Staatswissenschaft, Geschichte, Anatomie, Chemie; im September juristisches Vorexamen und erste Begegnung mit Johann Gottfried Herder (1744-1805); im Oktober 1770 Liebe zu Friederike Brion (1752-1813) in Sesenheim.

1771 Goethe arbeitet an seiner juristischen Dissertation, die durch die Fakultät als unzulänglich abgelehnt wird; am 6. August Promotion zum Lizenziaten der Rechte, Abschluss des Studiums; Ende August Zulassung als Rechtsanwalt beim Frankfurter Schöffengericht; *Gedichte für Friederike Brion. Zum Schäkespears Tag. Geschichte Gottfriedens von Berlichingen dramatisirt.*

1772 Januar/Februar Bekanntschaft mit dem Naturforscher und Schriftsteller Johann Heinrich Merck (1741-1791) und dem Darmstädter Zirkel der Empfindsamen, einem literarischen Freundeskreis; Mai-September Praktikant am Reichskammergericht in Wetzlar; Bekanntschaft mit Charlotte Buff (1753-1828), die ihn zum `Werther´ (1774) inspiriert. *Von deutscher Baukunst. Wanderers Sturmlied.*

1773 *Jahrmarktfest zu Plundersweilern. Satyros. Concerto dramatico. Götter, Helden und Wieland. Erwin und Elmire. Brief des Pastors. Urfaust. Prometheus. Mahomet.*

1774 im Sommer Lahn-und Rhein-Reise mit Johann Caspar Lavater (1741-1801) und Johann Bernhard Basedow (1724-1790); Besuch bei den Brüdern Jacobi in Düsseldorf; im Dezember Treffen mit Prinz Konstantin (1758-1795) und dem Erbprinzen Carl August von Sachsen-Weimar und Eisenach (1757-1828) in Frankfurt/Main. *Die Leiden des jungen Werthers. Clavigo. Claudine von Villa Bella. Der Ewige Jude.*

1775 im April Verlobung mit der Frankfurter Bankierstochter Anna Elisabeth (Lili) Schönemann (1758-1817); Mai-Juli erste Reise in die Schweiz mit den Grafen Christian (1748-1821) und Friedrich Leopold zu Stolberg (1750-1819); im September Auflösung der Verlobung; am 7. November Ankunft in Weimar;

am 11. November erste Begegnung mit Charlotte von Stein (1742-1827). *Stella. Lili-Lieder. Beginn an der Arbeit des Egmont.*

1776 Goethe erhält das Weimarer Bürgerrecht; Herzog Carl August schenkt Goethe das dortige Gartenhaus an den Ilmwiesen, das bis 1782 Goethes Hauptwohnsitz ist; im Juni Eintritt in den weimarischen Staatsdienst (Ernennung zum Geheimen Legationsrat mit Sitz und Stimme im Geheimen Consilium, der obersten Landesbehörde zur Beratung des Herzogs); im Oktober kommt Herder als Generalsuperintendent nach Weimar; im November Beauftragung Goethes mit der Wiederaufnahme des Bergbaus in Ilmenau; Dezember Reise nach Leipzig und Wörlitz. *Gedichte für Frau von Stein. Die Geschwister. Proserpina.*

1777 Bergwerkskommission zum Wiederaufbau der Bergwerke in Ilmenau (verantwortlich für alle Bergwerksangelegenheiten); am 8. Juni Tod der Schwester Cornelia Schlosser, geb. Goethe, mit 26 Jahren in Emmendingen; September/Oktober Aufenthalt in Eisenach und auf der Wartburg; im Dezember erste Harzreise zu Pferde; *Lila. Der Triumph der Empfindsamkeit.* Beginn an *Wilhelm Meisters theatralischer Sendung. Harzreise im Winter.*

1778 Reise mit Herzog Carl August nach Berlin und Potsdam. *Grenzen der Menschheit.*

1779 Leitung der Kriegs-, Wege- und Wasserbaukommission, verbunden damit Reisen durch das Herzogtum; im September Ernennung zum Geheimen Rat im Ministerrang; von September bis Januar 1780 zweite Schweizreise mit Herzog Carl August. *Iphigenie auf Tauris. Gesang der Geister über den Wassern. Jery und Bätely.*

1780 von September bis Oktober Reisen in den Thüringer Wald bis zur Rhön; Beginn der Beschäftigung mit mineralogischen Studien; Beginn der Arbeit am *Torquato Tasso.*

1781 Teilnahme am Leben der Weimarer Hofgesellschaft in Tiefurt; Vorträge über Anatomie; *Die Fischerin. Elpenor.*

1782 März bis April Reisen an die thüringischen Höfe; Präsidium der Kammer der Finanzverwaltung, d. h. verantwortlich für die gesamten herzoglichen Finanzen; 25. Mai Tod von Goethes Vater; am 2. Juni Umzug ins Haus am Frauenplan; am 3. Juni Erhebung in den erblichen Adelsstand per Diplom durch Kaiser Joseph II. (1741-1790); Reise nach Dessau und Leipzig, diplomatische Missionen an thüringischen Höfen.

1783 von September bis Oktober zweite Harzreise, nach Göttingen und Kassel. *Das Göttliche.*

1784 im Februar Eröffnung des neuen Bergbaus zu Ilmenau durch Goethe; Ilmenauer Steuerkommission zur Neuordnung der korrupten Grundbesteuerung; im März: Goethe entdeckt den Zwischenkieferknochen des Menschen; August bis September Reise mit Herzog Carl August nach Braunschweig und dritte Harzreise mit Georg Melchior Kraus (1737-1806). *Scherz, List und Rache. Die Geheimnisse.*

1785 Erste botanische Studien; im Juni bis August erster Kuraufenthalt in Karlsbad/Böhmen; mehrfach Aufenthalte in Ilmenau und Jena; Abschluss von *Wilhelm Meisters theatralischer Sendung.*

1786 Juli/August in Karlsbad; am 3. September heimliche Abreise von Karlsbad nach Italien; erste Italienreise; September/Oktober in Venedig; Ende Oktober Ankunft in Rom; *Iphigenie auf Tauris*, in Versen.

1787 Februar bis Juni Reise nach Neapel und Sizilien; im April Erkenntnis des Prinzips der Urpflanze. Abschluss des *Egmont.* Arbeit am *Faust* und an *Torquato Tasso.*

1788 im Juni Rückkehr von Italien nach Weimar; im Juni Entlastung von allen Regierungsgeschäften mit Ausnahme der Ilmenauer Kommissonen; Mit-Oberaufsicht des Freien Zeichen-Instituts; im Juli erste Begegnung mit der 23jährigen Christiane Vulpius (1765-1816); am 7. September erstes Zusammentreffen mit Friedrich Schiller (1759-1805) in Rudolstadt. *Römische Elegien.*

1789 Schlossbaukommission zum Wiederaufbau des 1774 abgebrannten Residenzschlosses; September/Oktober: Reise nach Aschersleben und in den Harz; am 25. Dezember Geburt des Sohnes August (1789-1830). Abschluss von *Torquato Tasso.*

1790 von März bis Juni Reise nach Venedig; im April Entdeckung der Wirbeltheorie des Schädels; von Juli bis Oktober Reise nach Schlesien und Polen (Krakau und Czenstochau); Beginn der Studien zur *Farbenlehre. Die Metamorphose der Pflanzen. Venezianische Epigramme. Faust, ein Fragment*, geht in Druck.

1791 Leitung des Weimarer Hoftheaters (bis 1817). *Der Groß-Cophta. Beiträge zur Optik.*

1792 von August bis Oktober Teilnahme am Koalitionsfeldzug gegen Frankreich im Gefolge von Herzog Carl August; November/Dezember Besuche bei Fritz Jacobi in Düsseldorf und bei der Salonnière Fürstin Amalie von Gallitzin (1748-1806) in Münster.

1793 von Mai bis Juli Teilnahme als Beobachter an der Belagerung von Mainz. *Der Bürgergeneral. Reineke Fuchs.*

1794 im Sommer Beginn der Freundschaft mit Friedrich Schiller (1759-1805); Mit-Verwaltung der Botanischen Anstalt in Jena; Juli-August: Reise mit Herzog Carl August nach Wörlitz und Dresden. *Die Aufgeregten. Unterhaltungen deutscher Ausgewanderten.*

1795 im Juli/August: Aufenthalt in Karlsbad. *Das Märchen.* Anfänge der *Xenien.*

1796 *Xenien. Wilhelm Meisters* Lehrjahre abgschlossen. *Hermann und Dorothea.* Übersetzung des Lebens von *Benvenuto Cellini.*

1797 Ende Juli bis Ende November dritte Schweizreise; im Juli/August mit Christiane und Sohn August letzter Besuch bei der Mutter Goethes in Frankfurt/Main; im Dezember Leitung der herzoglichen Bibliotheken und des Münzkabinetts in Weimar. *Balladen.* Wiederaufnahme der Arbeit am *Faust.*

1798 Erwerb eines Guts in Oberroßla/Weimar; am 12. Oktober Eröffnung des umgebauten Weimarer Hoftheaters mit ˋWallensteins Lagerˊ. *Propyläen, eine periodische Schrift* (bis 1800).

1799 im September erste Kunstausstellung der Weimarer Kunstfreunde; im Dezember Umzug Schillers von Jena nach Weimar. *Achilleis. Die natürliche Tochter* begonnen. Übersetzung von Voltaires *Mahomet.*

1800 April/Mai Reise mit Herzog Carl August nach Leipzig und Dessau. Arbeit an Faust II. Übersetzung von Voltaires *Tancred. Paläophron* und *Neoterpe.*

1801 von Januar bis März Erkrankung an Gesichtsrose; Juni bis August Reise nach Pyrmont, Göttingen und Kassel.

1802 Aufenthalte in Jena; Beginn der Freundschaft mit Karl Friedrich Zelter (1758-1832); Aufenthalt in Lauchstädt; Eröffnung des Theaterneubaus, an dem Goethe mitgewirkt hat.

1803 Reisen nach Lauchstädt, Halle, Merseburg, Naumburg; Oberaufsicht über die Museen in Jena. *Die natürliche Tochter* abgeschlossen.

1804 August bis September Aufenthalte in Lauchstädt und Halle. Mitte September Ernennung zum Wirklichen Geheimen Rat mit Titel `Exzellenz´. *Winckelmann und sein Jahrhundert.*

1805 im Frühjahr schwere Nierenkoliken; 9. Mai Tod Schillers; Juli bis September Reisen nach Lauchstädt, Magdeburg und Halberstadt. *Epilog zu Schillers Glocke.*

1806 Juni bis August Aufenthalt in Karlsbad; Mitte Oktober Besetzung Weimars durch französische Truppen nach der Schlacht bei Jena; kirchliche Trauung von Goethe und Christiane Vulpius am 19. Oktober in Weimar. Abschluss von *Faust I. Metamorphose der Tiere.*

1807 im April Tod der Herzogin Mutter Anna Amalia; Mai bis September Aufenthalt in Karlsbad; November bis Dezember Besuche im Frommannschen Haus in Jena; Begegnung mit Minchen Herzlieb. *Sonette.* Beginn an *Wilhelm Meisters Wanderjahre.*

1808 zu Ostern erscheint Goethes `Faust´; Mai bis September Aufenthalt in Karlsbad und Franzensbad; am 13. September Tod von Goethes Mutter; Ende September Teilnahme am Erfurter Fürstenkongress; Anfang Oktober Audienzen bei Napoleon (1769-1821) in Erfurt und Weimar; Mitte Oktober auf Weisung Napoleons Erhalt des Ritterkreuzes des Kaiserlichen Ordens der französischen Ehrenlegion und des Kaiserlich-russischen Ordens 1. Klasse der Heiligen Anna durch Zar Alexander I.; Großkreuz mit Stern (trug Goethe gerne bei Porträts); *Pandora.*

1809 Oberaufsicht über die künstlerischen und wissenschaftlichen Institute in Weimar und Jena (u. a. Zeichenschule, Bibliotheken, Botanischer Garten, Naturwissenschaftliche Sammlungen, Sternwarte); *Die Wahlverwandtschaften.* Arbeit an der *Farbenlehre.*

1810 Mai bis September Aufenthalte in Karlsbad, Teplitz und Dresden. Abschluss der *Farbenlehre. Philipp Hackert. Goethes Werke in dreizehn Bänden* erschienen.

1811 Mai/Juni Aufenthalte in Karlsbad mit seiner Frau Christiane und seinem Sekretär, Friedrich Wilhelm Riemer (1744-1845). *Dichtung und Wahrheit, erster Teil.*

1812 Mai bis September Aufenthalte in Karlsbad und Teplitz; Begegnungen mit Ludwig van Beethoven (1770-1827) und Kaiserin Maria Ludovica von Österreich (1787-1816). *Dichtung und Wahrheit, zweiter Teil.*

1813 20. Januar Tod Wielands; von April bis August Aufenthalt in Teplitz; Mitte Oktober Schlacht bei Leipzig. *Dichtung und Wahrheit, dritter Teil.*

1814 im Mai Kur in Bad Berka bei Weimar; letzte gemeinsame Reise mit seiner Frau Christiane; von Juli bis Oktober Reise in die Rhein-Main-Gegend; Begegnung mit Marianne von Willemer (1784-1860). *West-östlicher Divan.*

1815 im Februar wird durch Beschluss des Wiener Kongresses Sachsen-Weimar-Eisenach zum Großherzogtum; Goethe wird Staatsminister; von Mai bis Oktober zweite Reise in die Rhein-Main-Gegend; im August Kommandanturkreuz des Österreichisch-Kaiserlichen Leopold-Ordens durch Franz I. von Östereich (1768-1835) und Metternich (1773-1859); Wiedersehen mit Marianne von Willemer. Arbeit an *West-östlicher Divan. Zahme Xenien.*

1816 Ende Januar Großkreuz des Großherzoglichen Hausordens der Wachsamkeit oder vom Weißen Falken durch Carl August, großer Stern; 6. Juni Tod Christiane von Goethes in Weimar; Juli bis September Aufenthalt in Bad Tennstedt. Arbeit an *West-östlicher Divan. Italienische Reise, erster und zweiter Teil. Über Kunst und Altertum* (Zeitschrift bis 1832).

1817 März bis August und November und Dezember Aufenthalte in Jena; im April Entbindung von der Leitung des Hoftheaters; im Juni Trauung Augusts von Goethe mit Ottilie von Pogwisch (1796-1872); im Oktober Beauftragung mit der Oberaufsicht beim Umbau der Universitätsbibliothek in Jena. *Urworte. Orphisch. Geschichte meines botanischen Studiums.* Zeitschrift *Zur Naturwissenschaft überhaupt, besonders zur Morphologie* (bis 1824).

1818 9. April Geburt von Goethes Enkel Walther Wolfgang Freiherr von Goethe (1818-1885), später deutscher Kammerherr und Komponist; Juli bis September Aufenthalt Goethes in Karlsbad; Ende September Goldenes Kreuz der französischen Ehrenlegion durch Ludwig XVIII. (1755-1824).

1819 August bis September Aufenthalt in Karlsbad; *West-östlicher Divan* abgeschlossen. *Goethes Werke in zwanzig Bänden* erschienen (seit 1815).

1820 April bis Mai Aufenthalt in Karlsbad; im Sommer und im Herbst Aufenthalt in Jena; 18. September Geburt des Enkels Wolfgang Maximilian Freiherr von Goethe (1820-1883), später Jurist und preußischer Legationsrat. Arbeit an *Wilhelm Meisters Wanderjahre. Zahme Xenien.*

1821 Juli bis September Aufenthalt in Marienbad und Eger; erste Begegnung mit Ulrike von Levetzow (1804-1899).

1822 Juni bis August Aufenthalt in Marienbad und Eger. *Kampagne in Frankreich.*

1823 im Februar lebensbedrohliche Erkrankung Goethes, vermutlich Herzbeutelentzündung oder Herzinfarkt; im Juni erster Besuch von Goethes Mitarbeiter Johann Peter Eckermann (1792-1854); von Juli bis September letzte Reise nach Böhmen; unerwiderte Liebe des 74jährigen zu der 19jährigen Ulrike von Levetzow in Marienbad. *Marienbader Elegie;* im November schwere Erkrankung.

1824 Vorbereitungen zur Herausgabe des *Briefwechsels mit Schiller.*

1825 im Februar Wiederaufnahme der Arbeiten am *Faust II*; im März Brand des Weimarer Theaters; Anfang September Feierlichkeiten zum 50jährigen Regierungsjubiläum Herzog Carl Augusts; im November Feierlichkeiten zum 50jährigen Jubiläum Goethes in Weimar.

1826 *Novelle.*

1827 am 6. Januar Tod Charlotte von Steins; Ende August anlässlich seines 78. Geburtstages Großkreuz des Civil-Verdienst-Ordens der Bayerischen Krone durch Ludwig I (1786-1868), der ihn berechtigte, den Titel `Ritter von Goethe´ zu tragen; im Oktober Geburt von Goethes Enkelin Alma von Goethe (1827-1844). *Zahme Xenien.*

1828 14. Juni Tod von Großherzog Carl August in Graditz bei Torgau; von Juli bis September Aufenthalt Goethes auf Schloss Dornburg an der Saale in der Nähe von Jena.

1829 im Januar erste Faust-Aufführung in Braunschweig. *Wilhelm Meisters Lehrjahre* abgeschlossen. *Italienische Reise. Zweiter römischer Aufenthalt.*

1830 im Februar Tod von Großherzogin Luise; am 26. Oktober Tod von Goethes Sohn August in Rom; Ende November schwere Erkrankung (Blutsturz); *Dichtung und Wahrheit, vierter Teil. Goethes Werke, vollständige Ausgabe letzter Hand, in vierzig Bänden* erschienen (seit 1827).

1831 22. Juli Abschluss von *Faust II*. Goethe erlaubt Eckermann und Riemer die Edition seines literarischen Nachlasses; im August letzte Geburtstagsfeier mit seinen Enkeln in Ilmenau.

1832 16. März Erkrankung Goethes; 22. März Tod Goethes in Weimar, vermutlich durch Herzinfarkt oder Lungenentzündung, im 83. Lebensjahr; vier Tage später, am 26. März 1832, Beisetzung in der Weimarer Fürstengruft.

Literaturverzeichnis

Ins Literaturverzeichnis wurden die im Text zitierten Bücher, nicht aber Zeitungs- und Zeitschriftenartikel aufgenommen; sie findet man in den Anmerkungen.

Kommentierte Ausgaben der Werke Goethes

Goethe, Werke, Hamburger Ausgabe in 14 Bänden, mit Kommentaren und Registern, hg. v. Erich Trunz, Hamburg 1948-1960, Neuauflage München 1966-1974 und 1982-2008 (Hamburger Ausgabe = HA).
Goethe Werke in sechs Bänden. Jubiläumsausgabe, hg. v. Friedmar Apel/Hendrik Birus/Anne Bohnenkamp, Berlin 2007.
Goethes Werke, hg. im Auftrag der Großherzogin Sophie von Sachsen. Abteilungen I-IV, 133 Bände in 143 Teilen, Weimar 1887-1919, München 1987 (Weimarer Ausgabe = WA).
Goethe's Werke. Vollständige Ausgabe letzter Hand in 40 Bänden, Stuttgart-Tübingen 1827-30. Die Ausgabe wird ergänzt durch: Goethe's nachgelassene Werke, hg. v. Eckermann und Riemer, 20 Bände (= Band 41-60 der Ausgabe letzter Hand), Stuttgart-Tübingen 1832-1842.
Johann Wolfgang Goethe, Briefe. Historisch-kritische Ausgabe, im Auftrag der Klassik Stiftung Weimar, Goethe- und Schiller-Archiv, hg. v. Georg Kurscheidt, Norbert Oellers und Elke Richter, Bde. 1-3, Berlin 2008-2010.
Johann Wolfgang Goethe, Sämtliche Werke nach Epochen seines Schaffens, Münchner Ausgabe, hg. v. Karl Richter u. a., 33 Bde., München 1986-1998 (Münchner Ausgabe = MA).
Johann Wolfgang von Goethe, Sämtliche Werke, Briefe, Tagebücher und Gespräche in 40 Bänden, einschließlich der amtlichen Schriften und der Zeichnungen, mit Kommentar und Registern, hg. v. Hendrik Birus, Dieter Borchmeyer u. a, Frankfurt/Main 1985-99 (Frankfurter Ausgabe = FA).
Johann Wolfgang von Goethe, Werke, Artemis-Gedenkausgabe, XXIV Bde., München 1948-71.

Sekundärliteratur

Aly, Götz, Warum die Deutschen? Warum die Juden? Gleichheit, Neid und Rassenhass 1800-1933, FfM 2012.

Anderegg, Johannes/Kunz, Edith Anna (Hg.), Goethe und die Bibel (Deutsche Bibelgesellschaft: Arbeiten zur Geschichte und Wirkung der Bibel, AGWB, Bd. 6), Goethe und die Bibel, Stuttgart 2005.

Anderegg, Johannes, Mephisto und die Bibel, in: Johannes Anderegg/Edith Anna Kunz (Hg.), Goethe und die Bibel (Deutsche Bibelgesellschaft: Arbeiten zur Geschichte und Wirkung der Bibel, AGWB, Bd. 6), Stuttgart 2005, 317-339.

Appel, Sabine, Johann Wolfgang von Goethe. Ein Porträt, Köln-Weimar 2009.

Archiv der Gesichter. Toten- und Lebendmasken aus dem Schiller-Nationalmuseum Marbach. Eine Ausstellung des Deutschen Literaturarchivs und der Stiftung Museum Schloß Moyland in Verbindung mit dem Museum für Sepulkralkultur in Kassel (Marbacher Kataloge 53, hg. v. Ulrich Ott und Friedrich Pfäfflin), Marbach am Neckar [2]1999.

Arendt, Hannah, Rahel Varnhagen. Lebensgeschichte einer deutschen Jüdin aus der Romantik, München 1981.

Aus dem Hausrat eines Hofrats. Die Ausstellung in Schillers Geburtshaus, bearbeitet von Michael Davidis und Sabine Fischer. Photographien von Mathias Michaelis (Marbacher Magazin, Sonderheft 77/1997), Marbach 1997.

Bab, Julius, Goethe und die Juden, Berlin 1921 und 1926.

Bachmann, Claus, Novalis' Heimweh nach Rom. Über ein romantisches Stück protestantischer Theologie, in: Deutsches Pfarrerblatt 8/2012, 437-441.

Benjamin, Walter, Weimar, in: ders., Gesammelte Werke I, FfM 2011, 1070-1072.

Benjamin, Walter, Gesammelte Werke I, FfM 2011.

Berner, Wilfried, 150 Jahre nach seinem Tod. Goethe und die Juden, FfM 1982.

Bewahren durch Entsagen. Das Jacobi-Depositum im Goethe-Museum Düsseldorf. Eine Ausstellung zum 80. Geburtstag von Helmut Jacobi am 21. Juni 1991. Katalog: Kurt Christ, Forschungsstelle Jacobi-Biographie, hg. von Jörn Göres (Goethe-Museum Düsseldorf/Anton-und-Katharina-Kippenberg-Stiftung), Düsseldorf 1991.

Barner, Wilfried, Von Rahel Varnhagen bis Friedrich Gundolf. Juden als deutsche Goethe-Verehrer (Kleine Schriften zur Aufklärung; Bd. 3), Göttingen 1992.

Barth, Ulrich/Osthövener, Claus-Dieter (Hg.), 200 Jahre „Reden über die Religion". Akten des 1. Internationalen Kongresses der Schleiermacher-Gesellschaft, Halle 14.-17. März 1999, Berlin-New York 2000.

Bedürftig, Friedemann, Die lieblichste der lieblichsten Gestalten. Ulrike von Levetzow und Goethe (rororo 23849), Reinbek bei Hamburg 2005.

Beer, Ulrich, Goethe und Gott. Essay, Dt. Allgemeines Sonntagsblatt v. 30. 12. 1998, Nr. 1/1999.

Benz, Richard, Goethes Leben, in: Johann Wolfgang von Goethe, Werke, Bd. 14: Naturwissenschaftliche Schriften II. Materialien – Register, Hamburger Ausgabe, München 1998, 343-381.

Bergmann, Günther, Goethe. Der Zeichner und Maler, unter Mitarbeit von Jessica Berndt, München 1999.

Beutel, Eckart, Fontane und die Religion. Neuzeitliches Christentum im Beziehungsfeld von Tradition und Individuation (PThK 13), Gütersloh 2003.

Berghahn, Klaus L./Hermand, Jost (ed.), Goethe in German-Jewish Culture, Rochester 2001.

Binswanger, Hans Christoph, Die Glaubensgemeinschaft der Ökonomen, München 1998.

Binswanger, Hans Christoph, Geld und Magie. Eine ökonomische Deutung von Goethes Faust, Hamburg 2005, 2., vollständig überarbeitete Ausgabe, Hamburg ^{5}2014.

Bode, Wilhelm, Der fröhliche Goethe, Berlin 1912.

Bode, Wilhelm (Hg.), Goethe in vertraulichen Briefen seiner Zeitgenossen in 3 Bänden, Berlin-Weimar 1979.

Böhmer, Otto A., Der junge Herr Goethe. Roman, München 1999.

Boerner, Peter, Goethe (rororo-Bildmonographie; 100), Reinbek bei Hamburg 1979.

Borchardt, Hans Heinrich, Humor bei Goethe, Berlin-Leipzig 1927.

Borchmeyer, Dieter, DuMont Schnellkurs Goethe, Köln 2005.

Borchmeyer, Dieter, Was ist deutsch? Die Suche einer Nation nach sich selbst, Berlin 2017.

Bosse, Anke (Hgin.), „Meine Schatzkammer füllt sich täglich..." Die Nachlaßstücke zu Goethes „West-östlichem Divan". Dokumentation – Kommentar, 2 Bde., Göttingen 1999.

Boyle, Nicholas, Goethe. Der Dichter in seiner Zeit, 2 Bde. (engl.: Goethe – The Poet and the Age, Vol 1: The Poetry of Desire [1749-1790], vol. 1, Oxford 1991; Revolution and Renunciation [1790-1803], vol. 2, Oxford 2000), München 1995, 1999, 2000, 2004.

Braun, Peter, Schiller, Tod und Teufel. Rede des Herrn von G. vor einem Totenschädel, Düsseldorf und Zürich 2005.

Brednow, Walter, Vom `Guten Humor´ zum `Reinen Humor´ bei Goethe, in: Jahrbuch des Freien Deutschen Hochstiftes, Tübingen 1962.

Briegleb, Klaus, Heinrich Heine, jüdischer Schriftsteller in der Moderne. Bei den Wassern Babels, München 1997.

Brown, Jane K., Im Anfang war das Bild: *Wilhelm Meister* und die Bibel, in: Johannes Anderegg/Edith Anna Kunz (Hg.), Goethe und die Bibel (Deutsche Bibelgesellschaft: Arbeiten zur Geschichte und Wirkung der Bibel, AGWB, Bd. 6), Stuttgart 2005, 241-259.

Bürger und Bürgerlichkeit im Zeitalter der Aufklärung, hg. von Rudolf Vierhaus (Lessing-Akademie), Heidelberg 1981.

Cassirer, Ernst, Der junge Goethe I: Vierte Vorlesung: Elternhaus und Kindheit. 23.X.40, in: ders., Nachgelassene Manuskripte und Texte, Bd. 11 (Goethe-Vorlesungen 1940-1941), hg. v. John Michael Krois, Hamburg 2003, 48-54.

Cassirer, Ernst, Der junge Goethe II. Fünfte Vorlesung [Die Religion des jungen Goethe. 5.III.41], in: ders., Nachgelassene Manuskripte und Texte, Bd. 11 (Goethe-Vorlesungen 1940-1941), hg. v. John Michael Krois, Hamburg 2003, 188-204.

Cassirer, Ernst, Goethe und die Bibel, in: ders., Nachgelassene Manuskripte und Texte, Band 11: Goethe-Vorlesungen (1940-1941), hg. v. John Michael Krois, Hamburg 2003, 344-347.

Cassirer, Ernst, Nachgelassene Manuskripte und Texte, Band 11: Goethe-Vorlesungen (1940-1941), hg. v. John Michael Krois, Hamburg 2003.

Conrady, Karl Otto, Goethe. Leben und Werk, II Bde., Königstein 1982-85.

Conrady, Karl Otto, Goethe. Leben und Werk, Düsseldorf und Zürich 1995, 1999 und 2006.

Cramer, Konrad, „Anschauung des Universums". Schleiermacher und Spinoza, in: Ulrich Barth/Claus-Dieter Osthövener (Hg.), 200 Jahre „Reden über die Religion". Akten des 1. Internationalen Kongresses der Schleiermacher-Gesellschaft, Halle 14.-17. März 1999, Berlin-New York 2000, 118-141.

Dahnke, Hans-Dietrich/Otto, Regine (Hg.), Goethe-Handbuch in vier Bänden, Stuttgart-Weimar 1998.

Damm, Sigrid, Caroline Schlegel-Schelling. Ein Lebensbild in Briefen, FfM-Leipzig 2009.

Damm, Sigrid, Christiane und Goethe. Eine Recherche, Leipzig 1998, 15. Auflage FfM 1999.

Damm, Sigrid, Cornelia Goethe, FfM 1988, 2015.

Damm, Sigrid, Das Leben des Friedrich Schiller. Eine Wanderung, FfM 2004.

Damm, Sigrid, Goethes letzte Reise, FfM-Leipzig 2007.

Damm, Sigrid, Sommerregen der Liebe. Goethe und Frau von Stein, Berlin 2015.

Denn Du bist mein Liebstes auf der Welt. Briefwechsel Christiane Vulpius und Johann Wolfgang von Goethe, hg. v. Michail Krausnick, Mannheim 2011.

Der unbegabte Goethe. Der Dichter in mißwollenden Zeugnissen seiner Mitlebenden. Mit Bildern von Hans Traxler, München-Wien 1998.

Detering, Heinrich, Thomas Manns amerikanische Religion: Theologie, Politik und Literatur im kalifornischen Exil. Mit einem Essay von Frido Mann, FfM 2012.

Deutschländer, Leo, Goethe und das alte Testament, FfM 1923.

Die Hauptschriften zum Pantheismusstreit zwischen Jacobi und Mendelssohn, hg. und mit einer historisch-kritischen Einleitung versehen von Heinrich Scholz, Berlin 1916, Neuausgabe Kamen 2004.

Dieckmann, Friedrich, „Diesen Kuß der ganzen Welt!" Der junge Mann Schiller, München 2005.

Disney, Hier bin ich Ente, hier darf ich´s sein. Goethes Entenhausener Klassik, Köln 2016.

Dobel, Richard, Lexikon der Goethe-Zitate, München 1995.

Ebach, Jürgen/Faber, Richard (Hg.), Bibel und Literatur, München 1995.

Eilenberger, Wolfram, Zeit der Zauberer. Das große Jahrzehnt der Philosophie 1919-1929, Stuttgart ^{5}2018.

Fernau, Joachim, War es schön in Marienbad. Goethes letzte Liebe, München u. a. 1982.

Friedenthal, Richard, Goethe. Sein Leben und seine Zeit, FfM-Berlin-Wien 1978.

Fuld, Werner, Wilhelm Raabe. Eine Biographie, München/Wien 1993.

Gadamer, Hans-Georg, Goethe und die Philosophie (Humboldt Bücherei Bd. 3), Leipzig 1947.

Gadamer, Hans-Georg, Einführung, in: Gadamer, Hans-Georg/Boehm, Gottfried (Hg.), Seminar: Philosophische Hermeneutik (stw 144), FfM 1976, 1979, 7-40.

Gadamer, Hans-Georg/Boehm, Gottfried (Hg.), Seminar: Philosophische Hermeneutik (stw 144), FfM 1976, 1979.

Gardiner, John Eliot, Bach. Musik für die Himmelsburg. Aus dem Englischen von Richard Barth, München 2016.

Geiger, Ludwig, Die deutsche Literatur und die Juden, Berlin 1910.

Gersdorff, Dagmar von, Goethes Mutter. Eine Biographie, FfM 2001.

Goethe. Begegnungen und Gespräche, begründet von Ernst Grumach und Renate Grumach, Band VI 1806-1808, hg. von Renate Grumbach, Berlin-New York 1999.

Goethe – Die Comic-Biografie (1749-1832), von Friedemann Bedürftig, Benjamin von Eckartsberg, Christoph Kirsch, Thomas von Kummant, 2 Bde.: Zum Sehen geboren (Bd. 1), Zum Schauen bestellt (Bd. 2), in Kooperation zwischen dem Goethe-Institut und dem Egmont Ehapa Verlag. Mit Geleitworten von Hilmar Hoffmann und Jutta Limbach, Präsident und Präsidentin des Goethe-Instituts, Stuttgart 2007.

Goethe, Erotische Gedichte. Gedichte, Skizzen und Fragmente, hg. von Andreas Ammer, FfM 1991.

Goethe, Faust. Der Tragödie erster und zweiter Teil. Urfaust, hg. v. Erich Trunz, München 4. Auflage 2018.

Goethes Gespräche. Eine Sammlung zeitgenössischer Berichte aus seinem Umgang, aufgrund der Ausgabe und des

Nachlasses von Flodoard Freiherrn von Biedermann, ergänzt und herausgegeben von Wolfgang Herwig, 3 Bde., Zürich 1965-87.

Goethes Leben in Bilddokumenten, hg. von Jörn Göres, Augsburg 1999.

Goethes Leben von Tag zu Tag. 8 Bände. Eine dokumentarische Chronik, bearbeitet von Robert Steiger, ab Band VII von Angelika Reimann, Zürich 1982.

Goethes Leben von Tag zu Tag. Eine dokumentarische Chronik von Robert Steiger und Angelika Reimann: Generalregister, Namenregister, Register der Werke Goethes, Geographisches Register, hg. von Siegfried Seifert, Berlin 2011.

Goethes Weimar. Das Lexikon der Personen und Schauplätze von Effi Biedrzynski, Düsseldorf 2010.

Görner, Lutz, Goethe für alle. Beschreibung eines Menschenlebens in Gedichten und Prosastücken des Johann Wolfgang Goethe, Köln 1996.

Görner, Rüdiger, Schillers Apfel. Szenen, Gedanken und Bilder, Berlin 2009.

Grimm, Hermann, Goethe – 25 Vorlesungen, gehalten an der Königlichen Universität Berlin im Wintersemester 1874/75, 2 Bde., Winterbach 1989.

Gronke, Horst/Meyer, Thomas/Neißer, Barbara (Hg.), Antisemitismus bei Kant und anderen Denkern der Aufklärung. Prämierte Schriften des wissenschaftlichen Preisausschreibens `Antisemitische und antijudaistische Motive bei Denkern der Aufklärung´, Würzburg 2001.

Grünbein, Durs, Antike Dispositionen, FfM 2005.

Habermas, Jürgen, Die Zukunft der menschlichen Natur. Auf dem Weg zu einer liberalen Eugenik?, FfM 2001.

Haefs, Hanswilhelm, Handbuch des nutzlosen Wissens, München 1989, Neuauflage 2011.

Hartwich, Wolf-Daniel, Nichtchristliche `Offenbarung´: Goethe, Lavater und die biblische Apokalypse, in: Johannes Anderegg/Edith Anna Kunz (Hg.), Goethe und die Bibel (Arbeiten zur Geschichte und Wirkung der Bibel, AGWB, Bd. 6), Stuttgart 2005, 111-134.

Hartung, Günter, Art. Judentum, in: Goethe-Handbuch, Bd. 4/1, Stuttgart/Weimar 1998, 581–590

Hartung, Günter, Goethes Ansicht vom jüdischen Volk, in: ders., Juden und deutsche Literatur. Zwölf Untersuchungen seit 1979, Leipzig 2006, 61-83.

Hartung, Günter, Heinrich Heine und die Bibel, in: Jürgen Ebach/Richard Faber (Hg.), Bibel und Literatur, München 1995, 137-156.

Hartung, Günter, Juden und deutsche Literatur. Zwölf Untersuchungen seit 1979, Leipzig 2006.

Heckmann, Herbert/Michel, Walter, Frankfurt mit den Augen Goethes, FfM 1982, 1997, ⁴1998.

Hegel, Georg Wilhelm Friedrich, Sämtliche Werke. Jubiläumsausgabe in zwanzig Bänden. Auf Grund des von Ludwig Boumann, Friedrich Förster, Eduard Gans, Karl Hegel, Leopold von Henning, Heinrich Gustav Hotho, Philipp Marheineke, Karl Ludwig Michelet, Karl Rosenkranz und Johannes Schulze besorgten Originaldruckes im Faksimileverfahren neu herausgegeben von Hermann Glockner, Stuttgart 1927-1940 (= Sämtliche Werke).

Heilemann, Hubert, Patient Goethe, Marburg/Lahn 1999.

Heine, Heinrich, Die romantische Schule. Zur Geschichte der neueren schönen Literatur in Deutschland, in: Heine. Sämtliche Werke in drei Bänden (Vollständige Ausgabe nach dem Text der J. G. Cottaschen Gesamtausgabe in 12 Bänden), Klassiker-Bibliothek Phaidon, Bd. 3, Essen o. J., 5-116.

Heine, Heinrich, Geständnisse, in: Heine. Sämtliche Werke in drei Bänden (Vollständige Ausgabe nach dem Text der J. G. Cottaschen Gesamtausgabe in 12 Bänden), Klassiker-Bibliothek Phaidon, Bd. 3, Essen o. D., 358-412.

Heine, Heinrich, Der Salon 1: Zur Geschichte der Religion und Philosophie in Deutschland, in: Heine, Sämtliche Werke in drei Bänden (Vollständige Ausgabe nach dem Text der J. G. Cottaschen Gesamtausgabe in 12 Bänden), Klassiker-Bibliothek Phaidon, Bd. 2, Essen o. D., 518-623.

Heine. Sämtliche Werke in drei Bänden (Vollständige Ausgabe nach dem Text der J. G. Cottaschen Gesamtausgabe in 12 Bänden), Klassiker-Bibliothek Phaidon, Bde. 1-3, Essen o. J.

Heinrich Heine, Sämtliche Schriften I-VI/2, hg. v. Klaus Briegleb, München 1968-1976.

Henkel, Hermann, Goethe und die Bibel, Leipzig 1890.

Henrich, Dieter, Die Anfänge der Theorie des Subjekts (1789), in: Zwischenbetrachtungen. Im Prozeß der Aufklärung, hg. von Axel Honneth, Thomas McCarthy, Claus Offe und Albrecht Wellmer (FS für Jürgen Habermas), FfM 1989, 106-170.

Henscheid, Eckard/Bernstein, F. W. (Hg.), Unser Goethe. Ein Lesebuch, FfM 2007.

Hermann, Rudolf, Die Bedeutung der Bibel in Goethes Briefen an Zelter, Berlin 1948.

Hertl, Michael, Goethe in seiner Lebendmaske, Würzburg 2008.

Höfer, Anja, „Heiterkeit auf dunklem Grund". Zu einem zentralen Begriff in Goethes Kunstanschauung, in: Petra Kiedaisch/Jochen A. Bär (Hg.), Heiterkeit. Konzepte in Literatur und Geistesgeschichte, München 1997, 85-110.

Höfer, Anja, Heiterkeit auf dunklem Grund. Zu Goethes Kunstanschauung, in: Detlev Schöttker (Hg.), Philosophie der Freude. Von Freud bis Sloterdijk, Leipzig 2003, 129-152.

Höfer, Anja, Johann Wolfgang von Goethe (dtv portrait), München ^{2}1999.

Hölz, Christoph, Interieurs der Goethezeit, Augsburg 1999.

Hörisch, Jochen, Brot und Wein (es 1692), FfM 1992.

Hörisch, Jochen, Die verschwundenen Dinge – Die Tinte, das Tintenfaß, der Tintenklecks, in: ders., Gott, Geld, Medien. Studien zu den Medien, die die Welt im Innersten zusammenhalten (es 2363), FfM 2004, 143-146.

Hörisch, Jochen, Gott, Geld, Medien. Studien zu den Medien, die die Welt im Innersten zusammenhalten (es 2363), FfM 2004.

Hörisch, Jochen, Gott, Geld und Glück. Zur Logik der Liebe (es 1180), FfM 1983, ^{2}2015.

Hörisch, Jochen, Kunst oder Medien, in: ders., Gott, Geld, Medien. Studien zu den Medien, die die Welt im Innersten zusammenhalten (es 2363), FfM 2004, 223-239.

Hörisch, Jochen, Religiöse Abrüstung – Goethes Konversions-Theologie, in: ders., Gott, Geld, Medien. Studien zu den Medien, die die Welt im Innersten zusammenhalten (es 2363), FfM 2004, 67-80.

Hörisch, Jochen, Man muss dran glauben. Die Theologie der Märkte, München 2013.

Hofmann, Michael (Hg.), Aufklärung. Epoche – Autoren – Werke, Darmstadt 2013.

Hofmann, Peter, Goethes Theologie, Paderborn u. a. 2001.

Holler, Wolfgang/Knebel, Kristin (Hg.), Goethes Wohnhaus (Klassik Stiftung Weimar), Weimar 2014, 2. Auflage 2014.

Horch, Hans Otto, Theodor Fontane, die Juden und der Antisemitismus, in: Christian Grawe/Helmuth Nürnberger (Hg.), Fontane-Handbuch, Stuttgart 2000, 281-305.

Hübner, Hans, Goethes Faust und das neue Testament (Sammlung Vandenhoeck), Göttingen 2003.

Ich bin so guter Dinge. Goethe für Kinder, ausgewählt von Peter Härtling, illustriert von Hans Traxler, FfM und Leipzig 1998.

„Ich bin nun, wie ich bin". Goethe zum Vergnügen. Mit 25 Abbildungen, hg. v. Volker Ladenthin, Stuttgart 1999.

Jacobi, Friedrich Heinrich, Über die Lehre des Spinoza in Briefen an den Herrn Moses Mendelssohn. Meiner, Hamburg 2000.

Janzer, Gertrud, Goethe und die Bibel, Leipzig 1929.

Jasper, Willi, Faust und die Deutschen, Berlin 1988.

Jens, Tilman, Goethe und seine Opfer. Eine Schmähschrift, Düsseldorf ³1999.

Jesse, Horst, Erkenntnis des Göttlichen oder Bekenntnis zu Jesus Christus. Goethe und Lavater im Gespräch über den christlichen Glauben, in: Deutsches Pfarrerblatt 10/2007, 551-553.

Johann Wolfgang Goethe, Faust. Der Tragödie Erster Teil (Reclam Lektüreschlüssel XL), hg. v. Mario Leis, Ditzingen 2017.

Johann Wolfgang Goethe, Faust. Der Tragödie Erster Teil. Textausgabe mit Kommentar und Materialien (Reclam XL), hg. v. Wolf Dieter Hellberg, Ditzingen 2014.

Johann Wolfgang Goethe, Leben und Welt in Briefen. Zusammengestellt von Friedhelm Kemp, München-Wien 1978, 1996.

Johann Wolfgang von Goethe, Hanswursts Hochzeit oder Der Lauf der Welt, in: Goethe, Erotische Gedichte. Gedichte, Skizzen und Fragmente, hg. von Andreas Ammer, FfM 1991, 15-35.

Johann Wolfgang von Goethe, Satiren, Farcen und Hanswurstiaden, Stuttgart 1983.

Johann Wolfgang Goethe, Tagebücher, hg. v. Jochen Golz unter Mitarbeit von Wolfgang Albrecht, Andreas Döhler und Edith Zehm, Stuttgart-Weimar 1998ff.

Kantzenbach, Friedrich Wilhelm, Johann Gottfried Herder mit Selbstzeugnissen und Bilddokumenten, Reinbek 1999.

Kehlmann, Daniel, Die Vermessung der Welt, Reinbek bei Hamburg 2005, 2008, [44]2017.

Keller, Werner, Altersmystik? Der späte Goethe und das Christentum seiner Zeit. Ein Fragment in Skizzenform, in: Wahrheit und Wort. FS für Rolf Tarot zum 65. Geburtstag, hg. v. G. Scherer und B. Wehrli, Bern u. a. 1996, 237-256.

Kermani, Navid, Gott-Atmen. Goethe und die Religion, in: ders. (Hg.), Zwischen Koran und Kafka. West-östliche Erkundungen, München 2014, 121-147.

Kermani, Navid, Ungläubiges Staunen. Über das Christentum, München 2016.

Kiedaisch, Petra/Bär, Jochen A. (Hg.), Heiterkeit. Konzepte in Literatur und Geistesgeschichte, München 1997.

Klauß, Jochen, Genie und Geld. Goethes Finanzen, Düsseldorf 2009.

Klauß, Jochen, Goethes Deutschland, München 1998.

Kühn, Dieter, Goethe zieht in den Krieg. Eine biographische Skizze, FfM 1999.

Kunz, Edith Anna, `Unbedingte Ruh´ – `große Taten´. Zu paradiesischer Passivität und irdischer Tätigkeit bei Goethe, in: Goethe und die Bibel, hg. v. J. Anderegg/E. A. Kunz (Deutsche Bibelgesellschaft: Arbeiten zur Geschichte und Wirkung der Bibel, AGWB, Bd. 6), Stuttgart 2005, 173-184.

Landfester, Ulrike, Buch der Bücher, Text der Texturen. Goethes bibelphilologischer Kulturbegriff, in: Johannes Anderegg/Edith Anna Kunz (Hg.), Goethe und die Bibel (Arbeiten zur Geschichte und Wirkung der Bibel, AGWB, Bd. 6), Stuttgart 2005, 217-240.

Landau, Peter, Goethes verlorene juristische Dissertation und ihre Quellen. Versuch einer Rekonstruktion (Bayerische Akademie der Wissenschaften; Philosophisch-Historische Klasse, Sitzungsberichte, Jg. 2007, H. 2), München 2007.

Lauster, Jörg, Die Verzauberung der Welt. Eine Kulturgeschichte des Christentums, München 2014, [2]2015, 494-499.

Lickert, Horst, „... ob ihr mich gleich für einen Heiden haltet" oder Goethe und sein Christentum *Authentische Ambivalenz als autarkes Profil* (diss. theol.), Zürich 1999.

Lindner, Burkhardt, „Goethes Wahlverwandtschaften". Goethe im Gesamtwerk, in: Burkhardt Lindner (Hg.), Benjamin Handbuch. Leben – Werk – Wirkung, Stuttgart-Weimar 2011, 472-493.

Lindner, Burkhardt (Hg.), Benjamin Handbuch. Leben – Werk – Wirkung, Stuttgart-Weimar 2011.

Linder, Luz-María, Goethes Bibelrezeption. Hermeneutische Reflexion, fiktionale Darstellung, historisch-kritische Bearbeitung, FfM u. a. 1998.

Lösch, Michael, Who´s Who bei Goethe, München 1998, Wiesbaden 2007.

Löwenthal, Leo, Untergang der Dämonologien. Studien über Judentum, Antisemitismus und faschistischen Geist (Reclam-Bibliothek Band 1376), Leipzig 1990.

Luserke, Matthias, Der junge Goethe. Ich weiss nicht, warum ich Narr so viel schreibe, Göttingen 1999.

Maatsch, Jonas/Schmälzle, Christoph, Schillers Schädel. Physiognomie einer fixen Idee, hg. von der Klassik Stiftung Weimar, Göttingen 2009.

Magee, Bryan, Geschichte der Philosophie, Hildesheim 2000.

Mai, Manfred, „Was macht den Menschen zum Menschen?" Friedrich Schiller, München-Wien 2004.

Maisak, Petra, Goethe und Tischbein in Rom. Bilder und Texte (Insel-Bücherei Nr. 1251), FfM 2004.

Maisak, Petra, Johann Wolfgang Goethe. Zeichnungen, Stuttgart 1996.

Maisak, Petra (Hgin.), Arkadien. Landschaft vergänglichen Glücks, FfM 1992.

Manger, Klaus, Die Mazeration Goethes, in: Thüringer Hefte für Volkskunde 8/9 (Erfurt 2003), 146-154.

Matten-Gohdes, Dagmar (Hgin.), Goethe ist gut. Ein Goethe-Lesebuch, mit Zeichnungen von Marie Marcks, Weinheim-Basel 1982, [2]1988, 2006.

Maul, Gisela/Oppel, Margarete, Goethes Wohnhaus in Weimar, mit Beiträgen von Erich Trunz, München-Wien 2000.

Maurenbecher, Max, Goethe und die Juden, München 1921.

Maurer, Doris, Charlotte von Stein. Eine Biographie, FfM-Leipzig 1997, [5]2009.

Maurer, Michael, Johann Gottfried Herder. Leben und Werk, Köln 2014.

Mauthner, Fritz (Hg.), Jacobis Spinoza-Büchlein nebst Replik und Duplik. Bibliothek der Philosophen Band 2, München 1912.

Meid, Volker, Das Reclam Buch der deutschen Literatur, Stuttgart 2004, [2]2007.

Mayer, Hans, Goethe, FfM 1999.

Meyer, Rudolf, Goethe – der Heide und der Christ, Stuttgart [2]1965.

Metzlers Goethe-Lexikon, hg. v. Benedikt Jeßling, Berndt Lutz und Inge Wild, Stuttgart 1999.

Michel, Christoph (Hg.), Goethe. Sein Leben in Bildern und Texten. Mit einem Vorwort von Adolf Muschg, FfM [2]1987.

Mohr, Rudolf, Goethepredigten, in: Deutsches Pfarrerblatt 8/99, 451-454.

Mommsen, Katharina, Goethe und der Islam, FfM 2001.

Mommsen, Katharina, Goethe und 1001 Nacht, Siegburg 2006.

Mommsen, Katharina, Goethe und die arabische Welt, FfM 1988.

Mommsen, Katharina, `Orient und Okzident sind nicht mehr zu trennen´: Goethe und die Weltkulturen (Schriften der Goethe-Gesellschaft), Göttingen 2012.

Mommsen, Katharina (Hg.), Goethe. West-Östlicher Divan. Faksimile-Edition, 2 Bde., FfM 1996.

Mommsen, Katharina, Warum schrieb Goethe die `Judenpredigt´?, in: Goethe Jahrbuch, im Auftrag des Vorstands der Goethe-Gesellschaft herausgegeben von Jochen Golz, Albert Meier und Edith Zehm, 131. Band der Gesamtfolge 2014, Göttingen 2015, 79-88.

Mülhaupt, Erwin, Goethes Pro und Contra Luther, in: Gemeinschaft Evangelischer Erzieher in Baden (GEE), Beiträge pädagogischer Arbeit, 28. Jg., Halbjahresheft 1984/II, Karlsruhe 1984, 29-42.

Nagel, Joachim, Zu Gast bei Goethe. Der Dichterfürst als Genießer. Mit 40 Rezepten, München 1998.

Neffe, Jürgen, Darwin. Das Abenteuer des Lebens, München 2008.

Nicolai, Heinz, Zeittafel zu Goethes Leben und Werk, in: Johann Wolfgang von Goethe Werke, HA 14, Naturwissenschaftliche Schriften II, Materialien – Register, München 1998, 382-535.

Niggl, Günter, Biblische Welt in Goethes Dichtung, in: Literatur und Religion, hg. v. Helmut Koopmann und Winfried Woesler, Freiburg-Basel-Wien 1984, 131-149.

Niggl, Günter, Die biblische Welt in Goethes Dichtung, in: ders., Studien zur Literatur der Goethezeit, Berlin 2001, 180-200.

Niggl, Günter, „Fromm" bei Goethe. Eine Wortmonographie (Hermaea. Neue Folge-Germanistische Forschungen; Bd. 21), Tübingen 1967 (diss. phil.).

Niggl, Günter, Studien zur Literatur der Goethezeit, Berlin 2001.

Oellers, Norbert/Steegers, Robert, Treffpunkt Weimar. Literatur und Leben zur Zeit Goethes, Stuttgart 1999.

Oellers, Norbert/Steegers, Robert, Weimar. Literatur und Leben zur Zeit Goethes, 2. verbesserte Auflage, Stuttgart 2016.

Pabst, Hans, Brecht und die Religion, Graz-Wien-Köln 1977.

Paulin, Roger, Der Fall Wilhelm Jerusalem. Zum Selbstmordproblem zwischen Aufklärung und Empfindsamkeit (Kleine Schriften zur Aufklärung, hg. von der Lessing-Akademie), Göttingen 1999.

Pelz, Monika, Den Blick auf das Herz der Welt. Die Lebensgeschichte des Johann Wolfgang von Goethe, Weinheim 2009.

Peters, Günter, Art. `Tätigkeit´, in: Goethe-Handbuch, Bd. 4/1 [Personen, Sachen, Begriffe], hg. v. H.-D. Dahnke und R. Otto, Stuttgart/Weimar 2004, 1035-1037.

Pöhlmann, Tobias, Goethes Naturauffassung in neutestamentlicher Beleuchtung dargestellt (Reprint des Originals von 1927), Paderborn 2012.

Preisendörfer, Bruno, Als Deutschland noch nicht Deutschland war. Reise in die Goethezeit, Berlin 2015, Köln 2017.

Preisendörfer, Bruno, Als unser Deutsch erfunden wurde, Reise in die Lutherzeit, Berlin 2016.

Reed, Terrence J., Goethe, Würzburg 2000.

Reich-Ranicki, Marcel, Über Ruhestörer. Juden in der Literatur, München 1993.

Radecke, Gabriele (Hgin.), August von Goethe: Wir waren sehr heiter. Reisetagebuch 1819, Leipzig 2007.

Rohse, Eberhard, Der frühe Brecht und die Bibel. Studien zum Augsburger Religionsunterricht und zu den literarischen Versuchen des Gymnasiasten (Palaestra; Bd. 278), Göttingen 1983.

Rolfgang vong Goethe, Hallo i bims der Faust. Extremst wichtige Bücher vong Bildung her erklärt für 1 Jugend vong heute, München 2017.

Rothe, Wolfgang, Der politische Goethe, Göttingen 1998.

Rothe, Wolfgang, Goethe, der Pazifist. Zwischen Kriegsfurcht und Friedenshoffnung, Göttingen 1998.

Rühmkorf, Peter, Durchgangsverkehr – Über das Verhältnis von Dichtkunst und Drogengenuss, in: Vom Schreiben 3. Stimulanzien oder Wie sich zum Schreiben bringen?, in: Marbacher Magazin 72/1995, 3-11.

Ruppert, Hans, Goethes Bibliothek, Weimar 1958.

Safranski, Rüdiger, Das Böse oder Das Drama der Freiheit, FfM 1999, [10]2015.

Safranski, Rüdiger, Friedrich Schiller oder Die Erfindung des Deutschen Idealismus, München-Wien 2004, München [5]2014.

Safranski, Rüdiger, Goethe. Kunstwerk des Lebens. Biographie, München 2013.

Safranski, Rüdiger, Goethe und Schiller. Geschichte einer Freundschaft, München 2009.

Safranski, Rüdiger, Romantik. Eine deutsche Affäre, München 2007.

Safranski, Rüdiger, Schiller, München 2004.

Sauder, Gerhard, Aufklärerische Bibelkritik und Bibelrezeption in Goethes Werk, in: Goethe-Jahrbuch 118 (2001), 108-125.

Sauder, Gerhard, Der junge Goethe und das religiöse Denken des 18. Jahrhunderts, in: Goethe-Jahrbuch 112 (1995), 97-110.

Schami, Rafik, Der geheime Bericht über den Dichter Goethe, München 1999.

Schiller, Friedrich, Werke und Briefe in 12 Bänden, hg. von Otto Dann, Heinz Gerd Ingenkamp, Rolf-Peter Janz, Gerhard Kluge, Herbert Kraft, Georg Kurscheidt, Matthias Luserke, Norbert Oellers, Mirjam Springer und Frithjof Stock, FfM 1988-2004.

Schleiermacher, Friedrich, Über die Religion. Reden an die Gebildeten unter ihren Verächtern (1799), hg. von Hans-Jochen Rothert (PhB 255), Hamburg 1970.

Schmidt, Arno, „Na, Sie hätten mal in Weimar leben sollen!" Über Wieland – Goethe – Herder, hg. von Jan Philipp Reemtsma, Stuttgart 2013.

Schmidt, Jochen, Goethes Faust. Erster und Zweiter Teil: Grundlagen – Werk – Wirkung, München 1999, ^{4}2018.

Schöne, Albrecht, Goethes Farbentheologie, München 1987.

Schöne, Albrecht, Schillers Schädel, München ^{2}2002.

Schöttker, Detlev (Hg.), Philosophie der Freude. Von Freud bis Sloterdijk, Leipzig 2003.

Schorlemmer, Friedrich, Luther. Leben und Wirkung, Berlin 2017.

Schottroff, Willy, Goethe als Bibelwissenschaftler, in: Allerhand Goethe. Seine wissenschaftliche Sendung aus Anlaß des 150. Todestages und des 50. Namenstages der Johann Wolfgang Goethe-Universität Frankfurt am Main, hg. v. D. Kimpel und J. Pompetzki, FfM 1985, 111-137.

Schottroff, Willy, Goethe als Bibelwissenschaftler, in: EvTheol 44 (1984), 463-485.

Schulz, Gerhard, Exotik der Gefühle. Goethe und seine Deutschen, München 1998.

Schulze, Sabine (Hgin.), Goethe und die Kunst, Ostfildern 1994.

Schulze, Ursula (Hgin.), Juden in der deutschen Literatur des Mittelalters. Religiöse Konzepte – Feindbilder – Rechtfertigungen, Tübingen 2002.

Seehafer, Klaus, Mein Leben ist ein einzig Abenteuer. Johann Wolfgang Goethe. Biografie, Berlin 2000.

Seele, Astrid, Frauen um Goethe (rororo 50636), überarbeitete Neuauflage, Reinbek bei Hamburg 2000.

Seidel, Bodo, Karl David Ilgen und die Pentateuchforschung im Umkreis der sogenannten Älteren Urkundenhypothese.

Studien zur Geschichte der exegetischen Hermeneutik in der Späten Aufklärung, Berlin-New York 1993.

Simm, Hans-Joachim (Hg.), Goethe und die Religion. Aus seinen Werken, Briefen, Tagebüchern und Gesprächen, FfM 2000.

Sinn, Christian, Belsazars Geburtstag: Annäherungen an den Schriftbegriff des jungen Goethe, in: Johannes Anderegg/Edith Anna Kunz (Hg.), Goethe und die Bibel (Arbeiten zur Geschichte und Wirkung der Bibel, AGWB, Bd. 6), Stuttgart 2005, 35-56.

Spengler, Nicole, Legendenbildung um Simon von Trient – Ein Ritualmordkonstrukt, in: Ursula Schulze (Hgin.), Juden in der deutschen Literatur des Mittelalters. Religiöse Konzepte – Feindbilder – Rechtfertigungen, Tübingen 2002, 211-231.

Spinoza, Baruch de, Theologisch-politischer Traktat, übersetzt und herausgegeben von Wolfgang Bartuschat, Hamburg 2012.

Stangneth, Bettina, Antisemitische und Antijudaistische Motive bei Immanuel Kant? Tatsachen, Meinungen, Ursachen, in: Horst Gronke/Thomas Meyer/Barbara Neißer (Hg.), Antisemitismus bei Kant und anderen Denkern der Aufklärung. Prämierte Schriften des wissenschaftlichen Preisausschreibens `Antisemitische und antijudaistische Motive bei Denkern der Aufklärung´, Würzburg 2001, 11-124.

Stangneth, Bettina, Kultur der Aufrichtigkeit: Zum systematischen Ort von Kants `Religion innerhalb der Grenzen der bloßen Vernunft´, Würzburg 2000 (diss. phil. Hamburg 1997).

Steffensky, Fulbert (Hg.), Nicolaigasse. Der Pfarrer und das Pfarrhaus in der Literatur, Stuttgart 2004.

Steiger, Robert, Goethes Leben von Tag zu Tag. Eine dokumentarische Chronik, 8 Bde., Zürich 1982-1996.

Stern, Carola, Der Text meines Herzens. Das Leben der Rahel Varnhagen, Reinbek bei Hamburg 1994.

Stöckinger, Annelies/Telle, Joachim, Die Alchemiebibliothek Alexander von Bernus in der Badischen Landesbibliothek Karlsruhe, Wiesbaden 1977.

Strunk, Reiner, Die Beugung der Wahrheit. Beobachtungen zu Mephistos Bibelgebrauch, in: Deutsches Pfarrerblatt 10/2015, 574-575.

Strunk, Reiner, „Närrisch, dass jeder in seinem Falle seine besondere Meinung preist!" Religiöse Toleranz bei Goethe, in: Deutsches Pfarrerblatt 8/2012, 433-436.

Theunissen, Michael, Der Begriff Verzweiflung. Korrekturen an Kierkegaard (stw 1062), FfM 1993.

Thielicke, Helmut, Goethe und das Christentum, München 1982.

Trunz, Erich, Ein Tag aus Goethes Leben: Acht Studien zu Leben und Werk, München 2006.

Ullrich, Herbert, Goethes Skelett – Goethes Gestalt, in: Goethe-Jahrbuch 2006. Im Auftrag des Vorstands der Goethe-Gesellschaft herausgegeben von Werner Frick, Jochen Golz und Edith Zehm (Band 123 der Gesamtfolge), Göttingen 2006, 167-187.

Vaget, Hans Rudolf, Katzengold: Kunst und Religion in *Wilhelm Meisters Wanderjahren*, in: Johannes Anderegg/Edith Anna Kunz (Hg.), Goethe und die Bibel (Arbeiten zur Geschichte und Wirkung der Bibel, AGWB, Bd. 6), Stuttgart 2005, 179-294.

Völkel, Werner (Hg.), Bei Goethe zu Gast: Besucher in Weimar, FfM 2000.

Vom Schreiben 3. Stimulantien oder Wie sich zum Schreiben bringen. Mit einem Essay von Peter Rühmkorf, Durchgangsverkehr – Über das Verhältnis von Dichtkunst und Drogengenuß, bearbeitet von Petra Plättner, Marbacher Magazin 72/1995.

Vorländer, Karl, Geschichte der Philosophie, Hamburg 1990.

Wais, Karin/Karin Unterberger, Die Schiller Chronik, München 2005.

Walser, Martin, Ein liebender Mann. Roman, Reinbek 2008.

Weber, Annette (Hgin.), „Außerdem waren sie ja auch Menschen". Goethes Begegnung mit Juden und dem Judentum, Berlin 2000.

Weinrich, Harald, Kleine Literaturgeschichte der Heiterkeit, München 2001.

Wendt, Angela Maria Coretta, Eßgeschichten und Es(s)kapaden im Werk Goethes. Ein literarisches Menu der (Fr)Esser und Nichtesser, Würzburg 2006.

Wiederholte Spiegelungen. Weimarer Klassik 1759-1832. Ständige Ausstellung des Goethe-Nationalmuseums, hg. v.

Gerhard Schuster und Caroline Gille (Stiftung Weimarer Klassik), München 1999.

Wieke, Thomas (Hg.), Willst du staunen, Flegel? Anekdoten von Goethe, Berlin 1999.

Wilpert, Gero von, Goethe: Die 101 wichtigsten Fragen (beck'sche reihe; 1754), München 2007.

Wilpert, Gero von, Schiller: Die 101 wichtigsten Fragen (beck'sche reihe; 7017), München 2009.

Wilpert, Gero von, Sachwörterbuch der Literatur, Stuttgart 2013.

Wilpert, Gero von (Hg.), Lexikon der Weltliteratur, Lexikon der Weltliteratur, Band I: Autoren. Biographisch-bibliographisches Handwörterbuch nach Autoren und anonymen Werken. Zweite, erweiterte Auflage Stuttgart 1975.

Wilpert, Gero von (Hg.), Lexikon der Weltliteratur, Band II: Werke. Hauptwerke der Weltliteratur in Charakteristiken und Kurzinterpretationen. Zweite, erweiterte Auflage Stuttgart 1980.

Wilpert, Gero von, Goethe-Lexikon, Stuttgart 1998.

Wilson, W. Daniel, Das Goethe-Tabu. Protest und Menschenrechte im klassischen Weimar, München 1999.

Witte, Bernd/Buck, Theo/Dahnke, Hans-Dietrich/Otto, Regine/Schmidt, Peter (Hg.), Goethe-Handbuch, VI Bde., Stuttgart 1996-98.

Wolf, Manfred, Leser fragen – Goethe antwortet. Klassische Lebenshilfen von Herrn Goethe, FfM 1999.

Wulf, Berthold, Maximen des Christentums – Goethes religiöse Welterfahrung, Stuttgart 1975.

Zapperi, Roberto, Das Inkognito, München 1999.

Zenker, Markus, Bergpredigt, `Weltfrömmigkeit´ und natürliche Theodizee in Goethes Roman *Wilhelm Meisters Lehrjahre oder die Entsagenden*, in: Johannes Anderegg/Edith Anna Kunz (Hg.), Goethe und die Bibel (Arbeiten zur Geschichte und Wirkung der Bibel, AGWB; Bd. 6), Stuttgart 2005, 261-277.

Zimmermann, Rolf Christian, Das Weltbild des jungen Goethe, 2 Bde., München 1969 und 1979.

Zipfel, Frank, „Ich hätte Euch einen ganz anderen Moses machen wollen" – Überlegungen zu Goethes Moses-Bild in *Israel in der Wüste*, in: Johannes Anderegg/Edith Anna Kunz

(Hg.), Goethe und die Bibel (Arbeiten zur Geschichte und Wirkung der Bibel, AGWB, Bd. 6), Stuttgart 2005, 185-215.

Zittel, Manfred, Erste Lieb´ und Freundschaft. Goethes Leipziger Jahre, Halle 2008.

Zwischenbetrachtungen. Im Prozeß der Aufklärung, hg. von Axel Honneth, Thomas McCarthy, Claus Offe und Albrecht Wellmer (FS für Jürgen Habermas), FfM 1989

Audios, Videos und Internetadressen

a.) Audios
„Mein Goethe" (mit Will Quadflieg, 1 CD, Deutsche Grammophon, Hamburg 1999)
Gert Westphal, Die italienische Reise (20 CDs, Litraton/Grete Schulga, Hamburg 1999)
„In Goethes Hand – Szenen aus dem 19. Jahrhundert" (Noa Noa Hörbuch-Edition München 2006)
„Wilhelm Meisters Lehrjahre" (bearbeitet von Angela Gerrits), Hör Verlag München
Christoph Biemann, Goethe für Einsteiger (1 CD, Deutsche Grammophon, Hamburg 1999)

b.) Videos
Friedrich Schiller. Triumph eines Geistes (Regie: Herbert Maisch [1890-1974], Deutschland 1940 (NS-Historienfilm, u. a. mit Heinrich George [1893-1946]).
Faust (Regie: Peter Gorski [1921-2007]), Deutschland 1960.
Der Geist von Weimar (Regie: Peter Merseburger), Deutschland 1998.
Goethe in Weimar. Dokumentation (Regie: Gabriele Dinsenbacher), Deutschland 1999.
Schiller. Leben und Leiden eines Jahrhundert-Genies (Regie: Martin Weinhart [geb. 1963], mit Matthias Schweighöfer [geb. 1981] in der Rolle des Friedrich Schiller), Deutschland 2005.
Goethe – Magier der Leidenschaften. Dokudrama (Buch und Regie: Günther Klein), Deutschland 2007.
Goethe! (Regie: Philipp Stölzl [geb. 1967]), Deutschland 2010.
Die ganze Natur – Goethes Naturphilosophie. Dokumentation (Regie: Markus Schlaffke), Weimar 2010.

Die Vermessung der Welt (Regie: Detlev Buck), Deutschland 2012.

c.) Internetadressen

https://de.wikipedia.org/wiki/Johann_Wolfgang_von_Goethe (aufgerufen 3. Januar 2018)

http://goethe.odysseetheater.com ;http://www.klassik-stiftung.de (aufgerufen am 15. Februar 2018)

http://www.goethe-gesellschaft.de (aufgerufen am 16. Februar 2018)

http://de.wikipedia.org/wiki/Johann_Wolfgang_von_Goethe (aufgerufen am 17. Februar 2018)

http://gutenberg.spiegel.de/index.php?id=19&autorid=205&autor_vorname=+Johann+Wolfgang+von&autor_nachname=Goethe&cHash=b31bbae2c6

http://www.ub.fu-ber-lin.de/internetquellen/fachinformation/germanistik/autoren/multi_fgh/goethe/index.html (aufgerufen am 23. März 2018)

http://www.ajum.de/html/JJ/023TH/goethe%20th.pdf (aufgerufen am 23. März 2018)

https://de.wikisource.org/wiki/Johann_Wolfgang_von_Goethe (aufgerufen am 24.März 2018)

http://www.goethezeitportal.de/home.html (aufgerufen 24. März 2018)

http://www.kisc.meiji.ac.jp/~mmandel/recherche/goethe_bibliographie.html (aufgerufen 24.März 2018)

Zum Autor

Pfarrer Dr. theol. Thomas O. H. Kaiser, geb. Müller, Dipl. Theol., geboren am 18. März 1963 in Stadtoldendorf, wurde am 16. Juni 1963 in Eschershausen im Weserbergland evangelisch getauft und am 15. Mai 1977 dort konfirmiert. 1982 machte er sein Abitur am Gymnasium an der Liebigstraße in Holzminden. Vom Wintersemester 1982 bis zum Sommersemester 1988 studierte er Evangelische Theologie an der Ruprecht-Karls-Universität in Heidelberg. 1988 Erstes Kirchliches Examen in der Evangelisch-lutherischen Landeskirche Hannovers und Dipl. Theol. (Universität Göttingen), danach bis 1993 Zweitstudium der Philosophie in Heidelberg. 1990 Forschungsaufenthalt an der University of The Western Cape und an der University of Cape Town; 1993 Promotion zum Dr. theol. bei Bischof Prof. Dr. Dr. h.c. mult. Wolfgang Huber zum Thema `Gerechtigkeit in Versöhnung. Das Konzept der Versöhnung und seine Kritik im Kontext Südafrika´ (Universität Heidelberg). Nach der Heirat mit Andrea Kaiser im Februar 1993 Wechsel des Nachnamens und Eintritt in die Evangelische Landeskirche in Baden: sog. `Lehrvikariat´ in Wertheim (1993-1995), Zweites Kirchliches Examen in Karlsruhe (1995) und Ordination durch Landesbischof Prof. Dr. Klaus Engelhardt in der Waldshuter Versöhnungskirche (1995). Danach sog. `Pfarrvikariat´, zunächst am Hochrhein-Gymnasium in Waldshut-Tiengen (1995/96), dann in der Evangelischen Kirchengemeinde Kadelburg (1996-1998). 1998 Berufung zum Gemeindepfarrer und zehn Jahre Dienst im Jobsharing mit Pfarrerin Andrea Kaiser in der Evangelischen Kirchengemeinde Kadelburg. Im Jahr 2000 Mitbegründer der Goethegesellschaft Hochrhein e.V./Waldshut; dort mehrere Jahre 2. Vorstand im Ehrenamt. 2008 Wahl zum Pfarrer der Evangelischen Kirchengemeinde Klettgau/Baden.
Vater von vier Kindern: Gabriel, Gloria, Balthasar und Salome. Das Foto zeigt den Autor bei einer Mitarbeiterretraîte im August 2017 in Orzale/Toskana (Foto: Gloria Kaiser).

Zur Künstlerin und zum Bild des Covers

Das Titelbild dieses Buches stammt von der Künstlerin Ruth Rüttinger (geb. 1947) aus Dogern. Es trägt die Archiv-Nr. 5968.2018. Material: Aquarellstift, Papier, entstanden am 25. März 2018 in Dogern, DIN A 3.

Ruth Rüttinger schreibt zu ihrem Bild „Goethe" (E-Mail v. 27. März 2018):

„Lieber Thomas, Du wolltest ein Titelbild für Dein neues Goethebuch, so à la Tischbeins *Goethe in der Campagna* (das bekannteste Werk des Malers Johann Heinrich Wilhelm Tischbein, genannt Goethe-Tischbein).

Wenn ich „Goethe" höre, habe ich immer dieses Bild im Kopf und seine Farbenlehre, im Ohr seine wunderbaren Werke u.v.m. Was lag näher, als da diesen wunderbaren Hut zu übernehmen, mit seinen geschwungenen Linien und der edlen Locke? Dies in seine Farbenlehre zu integrieren, war meine Idee. Bei den Primärfarben (Cyan, Magenta, Gelb) fehlte noch was. Ich nahm noch die Sekundärfarbe Grün dazu. Heute noch arbeite ich mit seinem Farbkreis. Er ist so wunderbar einfach und vor allem hat er auch noch die Tertiärfarben in seiner Mitte, ganz einfach angeordnet in einem Dreieck. Einen Buchtitel für Goethe gestalten zu dürfen, war für mich eine Ehre. Er war ein Genie."

Ruth Rüttingers Bild „Goethe" ist ein Geschenk der Künstlerin an den Autor und befindet sich heute in dessen Besitz.

Ruth Rüttinger, „Goethe", 2018